지식인마을 19
뒤르켐 & 베버
사회는
무엇으로 사는가?

지식인마을 19 사회는 무엇으로 사는가?
뒤르켐 & 베버

저자_ 김광기

1판 1쇄 발행_ 2007. 3. 12.
2판 1쇄 발행_ 2010. 11. 29.
2판 8쇄 발행_ 2025. 7. 1.

발행처_ 김영사
발행인_ 박강휘

등록번호_ 제406-2003-036호
등록일자_ 1979. 5. 17.

경기도 파주시 문발로 197(문발동) 우편번호 10881
마케팅부 031)955-3100, 편집부 031)955-3200, 팩스 031)955-3111

저작권자 ⓒ 2007 김광기
이 책의 저작권은 저자에게 있습니다. 서면에 의한 저자와 출판사의
허락 없이 내용의 일부를 인용하거나 발췌하는 것을 금합니다.

Copyright ⓒ 2007 Kim Kwang ki
All rights reserved including the rights of reproduction in whole
or in part in any form. Printed in KOREA.

값은 뒤표지에 있습니다.
ISBN 978-89-349-2174-5 04160
       978-89-349-2136-3 (세트)

홈페이지_ www.gimmyoung.com   블로그_ blog.naver.com/gybook
인스타그램_ instagram.com/gimmyoung   이메일_ bestbook@gimmyoung.com

좋은 독자가 좋은 책을 만듭니다.
김영사는 독자 여러분의 의견에 항상 귀 기울이고 있습니다.

지식인마을 19

뒤르켐 & 베버
Emile Durkheim & Max Weber
사회는 무엇으로 사는가?

김광기 지음

김영사

사랑하는 네 딸, 아현, 지현, 나현, 남주에게

Prologue1 지식여행을 떠나며

사회학 런웨이 프로젝트

　이렇게 해서 내 생애의 두 번째 책을 내놓는다. 우리네 인생사에는 자신의 애초 의도와는 달리 곁길로 빠지게 되는 일들이 반드시 벌어지게 마련이라고 베버가 말했는데, 이번 책도 이 경우에 속한다. 아무런 계획이 없던 가운데 예기치 않게 이 책이 탄생하게 되었기 때문이다. 마치 허니문 베이비처럼…….

　본 저서가 빛을 보게 된 데는 밝혀도 괜찮을 두 가지 비하인드 스토리가 있다. 그 하나는 이 책의 간행 제의를 전혀 일면식도 없는 이에게서 뜬금없이 받았다는 것이다. 2005년 12월 화창하지만 칼바람이 불던 어느 날로 기억하는데, 감포 해변을 거닐던 중 걸려온 전화 한 통으로 나는 그만 임신의 덫에 덜컥 걸려들고 말았다. 물론, 그 전화 이전에도 내 마음을 헝클어놓았던 입질이 아주 없었던 것은 아니다. 〈지식인마을〉 시리즈 기획 책임자의 명의로 전자메일이 한 통 와 있었고, 나는 그 제안을 애써 외면하고 있었던 것이다. 그러나 애써 외면한다는 이야기는 마음이 이미 산란해졌다는 뜻이고, 그것은 이미 일을 저지르는 쪽으로 기울어 있다는 것을 반증하는 것이었다. 그 제안을 외면하려 했던 것은 두 가지 이유에서였다. 우선 개인적으로 당시에 너무 지쳐 있어서 좀 쉬고 싶었고, 나머지 이유는 책의 기획 의도 때문이었다. 기획자는 전문가들뿐만 아니라 일반인들도 쉽게 읽을 수 있는 지적 저작물을 원하고 있었다. 바로 이 부분이 나에겐 걸림돌이 되었다. 왜냐하면 전문학술서의 냄새를 짙게 풍기지 않는 저서의 집필은 당시엔 안중에 없었기 때문이었다. 이런 이유들로 출간 제의는 썩 달가운 것은 아니었다.

그럼에도 불구하고 일을 저지르게 된 데에는 전적으로 기획 책임자인 장대익 박사의 탓이 크다. 우선은 그의 감언이설에 홀딱 넘어간 나의 여린 귀가 문제겠지만, 그보다 나를 결정적으로 움직이게 한 것은 그가 문자 그대로 나에겐 생면부지의 사람이라는 점이었다. 그렇게 철저하게 낯선 이가 나를 이 책을 쓸 적임자로 점찍었다는 점이 내 마음을 동하게 했다. 아마도 나를 아는 사람이 그런 제의를 해왔다면 얘기는 한참 달라졌을 공산이 크다.

또 하나의 이유는 독자의 외연확대라고 얘기하면 좀 거창한 것이 될까? 전문가들조차 한솥밥 먹는 동료의 글을 잘 읽어주지 않는 우리네의 독특한 습속에 지친 탓이었는지, 학자연하는 사람들 말고 일반인들로 말을 갈아타고 싶었던 일종의 무의식도 아주 없지는 않았던 모양이다. 그리고 무엇보다 일반인을 대상으로 하는 이 작업이 그런대로 쉬울 것이라는 어쭙잖은 계산도 한몫으로 작용했다.

그런데, 그것이 바로 화근이었다. 수월하게 작업이 진행될 것이라는 얄팍한 계산은 곧 뒤통수를 된통 얻어맞게 되었다. 일반인의 눈높이에 맞추어 글을 쓰는 것, 이게 보통 일이 아니라는 것을 알아차리게 되는 데에는 그리 오랜 시간이 걸리지 않았다. 본격적으로 집필에 들어가면서부터 제대로 걸려들고 말았다는 것을 이내 감지하게 되었다. 그런데 그것을 눈치 챘을 때는 이미 버스는 지나간 뒤였다. 이제는 하는 수 없었다. 한 걸음 한 걸음 나아가는 수밖에 어쩔 도리가 없었다. 이것이 바로 한두 달이면 족히 끝낼 것이라고 생각했던 집필기간이 장장 반 년이 넘게 걸린 저간의 사정이며, 이 책의 탄생과 관련된 두 번째 비하인드 스토리이다.

이제 여러분은 김영사에서 마련한 무대에 김광기라는 스타일리스트의 손을 거친 사회학의 두 거장, 뒤르켐과 베버의 워킹을 보게 될 것이다. 그들의 화려한 걸음걸이와 당당한 포즈를 통해 우리가 몸담고 있는 세계와 타인, 그리고 우리들 자신에 대해 진지한 숙려의 기회를 갖길 희망한다. 나는 그들에게 옷을 입히면서 비록 일반인들의 눈높이에 맞추어 작업을 할지라도 품위를 잃지 않으려고 무던히도 애를 썼다. 노파심에서 하는 얘기인데, 주석이 붙지 않고 일러스트레이션이 있다고 해서 이 책을 무슨 허접한 교양서쯤으로 여기면 아마도 십중팔구는 큰코다칠 것이다. 그것들은 〈지식인마을〉 시리즈의 일관된 양식일 뿐, 이 책의 내용과 질을 평가하는 데는 하등의 잣대가 될 수 없다. 성장盛裝작업에 동원된 옷들은 전문가들도 빨려 들 수 있는 것들이며, 동시에 일반 매장에서도 잘 팔려 나갈 수 있는 옷들을 골라 뒤르켐과 베버에게 입혔다고 자부한다. 물론, 결과는 두고 봐야 할 것이지만······.

꼭 그러리란 법은 없지만, 혈기 왕성한 젊은 학자라면 보통 책 한 권을 출간하고 다음 책을 출간하기까지 아이를 한 명 낳을 정도의 기간이 소요될 것이다. 그만큼 왕성하게 학문적 업적을 쌓는다는 얘기이다. 그러나 나의 경우 첫 번째 책이 미국에서 출간된 이후 두 명의 아이가 내 호적에 오르게 되었다. 이렇게 된 데에는 나의 무능력과 게으름이 한몫했겠지만, 그만큼 생을 치열하게 살아왔다는 얘기도 될 수 있다. 말하자면 진정으로 하고 싶은 것을 하지 못하고 이것저것 쓸데없는 일들에 휘둘려 살았다는 것을 의미할 수도 있을 테니까……

책상 앞에 너무 뭉개고 앉아 얻게 되는 허리통증과 이 책을 핑계로 나의 옥동녀 지현(芝賢)이와 나현(娜賢), 그리고 맏이 아현(娥賢)이와 많이 놀아주지 못한 것이 아쉬움으로 남지만, 그것들을 제외하고서는 나에게도 이 책을 만드는 작업은 크나큰 즐거움이었다. 특히나, 나를 전혀 알지 못하는 이들의 휘둥그레질 눈들과 서울과 대구의 여러 학교에서 나에게 배웠던 제자들이 이 책을 읽으며 언젠가 들었던 얘기가 나온다며 키득키득 댈 것을 생각하면 벌써부터 온몸에 전율이 오른다. 게다가, 쉽게 쓰면 자신도 읽어보겠노라고 일찌감치 칼을 갈아대고 있는 아내 남주를 생각하면, 이런 작업에 으레 따라오는 힘겨움과 고통은 온데간데없이 사라지고 만다.

2006년 여름
Crater Lake에서

Prologue2 이 책을 읽기 전에

〈지식인마을〉시리즈는…

「지식인마을」은 인문·사회·과학 분야에서 뛰어난 업적을 남긴 동서양대표 지식인 100인의 사상을 독창적으로 엮은 통합적 지식교양서이다. 100명의 지식인이 한 마을에 살고 있다는 가정 하에 동서고금을 가로지르는 지식인들의 대립·계승·영향 관계를 일목요연하게 볼 수 있도록 구성했으며, 분야별·시대별로 4개의 거리를 구성하여 해당 분야에 대한 지식의 지평을 넓히는 데 도움이 되도록 했다.

〈지식인마을〉의 거리

플라톤가   플라톤, 공자, 뒤르켐, 프로이트 같이 모든 지식의 뿌리가 되는 대사상가들의 거리이다.

다윈가   고대 자연철학자들과 근대 생물학자들의 거리로, 모든 과학 사상이 시작된 곳이다.

촘스키가   촘스키, 베냐민, 하이데거, 푸코 등 현대사회를 살아가는 인간에 대한 새로운 시각을 제시한 지식인의 거리이다.

아인슈타인가   아인슈타인, 에디슨, 쿤, 포퍼 등 21세기를 과학의 세대로 만든 이들의 거리이다.

이 책의 구성은

「지식인마을」 시리즈의 각 권은 인류 지성사를 이끌었던 위대한 질문을 중심으로 서로 대립하거나 영향을 미친 두 명의 지식인이 주인공으로 등장한다. 그리고 다음과 같은 구성 아래 그들의 치열한 논쟁을 폭넓고 깊이 있게 다룸으로써 더 많은 지식의 네트워크를 보여주고 있다.

초대 각 권마다 등장하는 두 명이 주인공이 보내는 초대장. 두 지식인의 사상적 배경과 책의 핵심 논제가 제시된다.
만남 독자들을 더욱 깊은 지식의 세계로 이끌고 갈 만남의 장. 두 주인공의 사상과 업적이 어떻게 이루어졌으며, 그들이 진정 하고 싶었던 말은 무엇이었는지 알아본다.
대화 시공을 초월한 지식인들의 가상대화. 사마천과 노자, 장자가 직접 인터뷰를 하고 부르디외와 함께 시위 현장에 나가기도 하면서, 치열한 고민의 과정을 직접 들어본다.
이슈 과거 지식인의 문제의식은 곧 현재의 이슈. 과거의 지식이 현재의 문제를 해결하는 데 어떻게 적용될 수 있는지 살펴본다.

이 시리즈에서 저자들이 펼쳐놓은 지식의 지형도는 대략적일 뿐이다. 「지식인마을」에서 위대한 지식인들을 만나, 그들과 대화하고, 오늘의 이슈에 대해 토론하며 새로운 지식의 지형도를 그려나가기를 바란다.

지식인마을 **책임기획** 장대익
서울대학교 자유전공학부 교수

Contents 이 책의 내용

Prologue1 지식여행을 떠나며 · 6
Prologue2 이 책을 읽기 전에 · 10

초대
도대체 사회란 무엇인가? · 16

만남

1. 뒤르켐, 사회라는 연구 대상에 걸맞은 방법론 찾기 · 34
   그것 자체로 고유한 사회적 사실로서의 사회 | 사회의 중요한 몇 가지 특징

2. 뒤르켐, 자살 논의에 한 수 두다 : 『자살론』 · 47
   뒤르켐의 지령 : 자살을 사회적 사실로 그리고 사물로 취급하라
   '아노미적 자살'과 코드가 맞는 자살 유형은?

3. 종교인가 사회인가? : 뒤르켐의 종교사회학 · 60
   위대한 사상가는 단지 하나의 문제에 몰두한다 | 사회적인, 너무나 사회적인! :
   뒤르켐의 종교의 정의 | 종교는 무엇으로 사는가? : 제사와 믿음
   '집합표상'의 조건 : 희생 | '집합표상' 달리 보기 : 집단흥분과 집단적 정신착란
   포커스를 종교에서 사회로 : 우리는 모두 같이 미쳐 있다
   사회를 지탱하는 믿음과 제사란 무엇인가?
   신神이 되어버린 사회 : 하나님이 없다면 무슨 일은 못 할 것인가?

4. 뒤르켐이 본 현대사회 · 84
   '일용이'를 아시나요? | '쿨'한 척하는 이들의 결속은?

5. 사회학, 사회학 방법론, 그리고 베버 · 96
  사회적 행위의 '동기'의 '이해'에 주력하라 : 사회과학과 자연과학의 차이
  베버, 사회과학 방법론의 새로운 패러다임을 제시하다
  베버의 인과적 설명 | 인생사의 비극 혹은 희극? : '의도하지 않은 결과'
  연구하는 동안 연구자 자신의 가치는 잠시 유보하라
  '이념형' : 일반화를 위한 유용한 도구

6. 베버, 마르크스에 도전하다 : 종교사회학 · 112
  베버, 마르크스의 망령과 대결하다 | 『개신교 윤리와 자본주의 정신』
  개신교의 행동강령 : 현세금욕주의 | '선택적 친화력'
  '의도하지 않은 결과' : 베버의 탁월성

7. 베버가 본 현대사회 · 131
  사회적 행위와 권위 | 합리화의 일상화, 탈미혹(탈주술)화, 그리고 세속화
  세계를 여러 다른 신神들이 접수하다 : 가치의 다원화
  '쇠우리'에 대한 오래된 오해

 Chapter 3 대화
  뒤르켐과 베버, 버거의 선상 대담
  사회학의 이정표를 따라가다 · 156

 Chapter 4 이슈
  그들만의 리그 : '정상'과 '비정상' 사이 · 174

Epilogue 1 지식인 지도 · 190   2 지식인 연보 · 192
          3 키워드 찾기 · 195   4 깊이 읽기 · 198   5 찾아보기 · 204

Émile Durkheim

Chapter 1

 초대

INVITATION

일찍이 아리스토텔레스는 인간을 사회적 동물이라 했다.
사회 속에서 어울려 살아야만 인간다울 수 있다는 말이다.
그런데 사회란 무엇이기에 인간을 인간답게 한다는 것일까?
너무 당연하게 받아들여서 오히려 새삼스러울 수도 있는 '사회'의 정체.
이제 지식인마을에서 사회에 관한 새로운 성찰이 시작된다.

Max Weber

📩 초대

도대체 사회란 무엇인가?

 지금은 누구나 한 번쯤은 해본 적이 있을 법한, 그래서 진부하게 보일지도 모르는 이 질문이 매우 의아해 보이던 시대가 있었다면 당신은 그것을 믿을 수 있겠는가? 그런데 놀랍겠지만 그런 시대는 엄연히 존재했었다. 그렇다면 그런 시대의 사람들은 아예 생각을 하지 않고 살았단 말인가? 그러나 이 질문에 대해서는 조심해서 답할 필요가 있다. 왜냐하면 어느 시대에든 생각하지 않고 사는 인간이란 없기 때문이다. 왜 그런 말도 있지 않은가? 호모사피엔스^{Homo Sapiens} 말이다.

 진화론을 믿는 사람이든 아니든 가릴 것 없이 그것이 바로 사람, 즉 인간을 일컫는다는 것은 웬만한 기초 지식을 가진 이라면 누구나 알고 있는 말일 것이다. 언제부터인가 우리나라에서 '호모'란 단어는 동성애자들을 일컫는 말이 되었지만 엄연히 '호모'는 사람, 즉 인간을 뜻한다. 그렇다면 '사피엔스'란 무엇을 뜻하는 것일까? 영어일까? 독일어일까? 아니면 불어? 답은 그 어느 것도 아니다. '사피엔스'는 라틴어다. 미국 노터데임 대학$^{Univ.}$ $^{of\ Notre\ Dame}$의 인터넷판 라틴어 사전을 찾아보면 '사피엔스'의 뜻이 다음과 같이 적혀 있다. 'wise', 'judicious', 즉 '지혜로운, 사려 깊은, 혹은 현명한'이란 뜻이다. 결국 '호모사피엔스'란 '지혜로운 사람'이나 '사려 깊은 이$^{wise\ man}$' 정도가 되겠다. 더불어 노터데임 대학 라틴어 사전은 호모사피엔스를 '철학자^{philosopher}'라고도 덧붙여놓았다.

어쨌든 생각할 줄 아는, 그래서 모두가 얼치기 철학자라고까지 말할 수 있는 인간은, 그것이 무엇이든 시공간을 가리지 않고 자신이 관심 갖는 것에 대해 골똘히 생각할 수 있는 존재다. 그래서 아마도 헤아릴 수 없이 많은 생각의 대상 중 하나인 '사회'에 대해 끊임없이 의문을 제기하고 그 의문에 대한 그럴듯하고 심오한 대답을 남긴 사람들이 시대를 가리지 않고 적지 않게 존재했으리라는 추정을 부정할 수는 없을 것이다.

과거에도 현자^{賢者}들이 얼마나 많이 있었나? 이 책의 전체 시리즈만 보아도 그것은 훤하게 알 수 있을 정도이다. 초등학생 정도만 되어도 동서고금을 통해 이름이 알려진 이들을 열 손가락을 넘게 꼽을 수 있을 것이다. 그러나 여기서 우리가 관심을 갖는 것은, 몇몇 위대한 현자들의 번뜩이는 생각이나 치기 어린 성찰, 일회성에 그치는 (그들이 한 편의 시나 잠언으로 남기거나 해서) 그런 사회에 대한 생각이 아니다. 좀더 쉽게 얘기하면, 우리는 사회에 대한 보다 지속적이고 체계적인 '머리 씀'에 관심을 갖고 있다. 여기에 한 가지 더 덧붙인다면, 한두 사람이 아닌 거의 다

부분의 사람(금치산자와 한정치산자들은 제외하고)이 가끔이라기보다는 자주, 집요하고 심각하게 사회에 대해서 고민하는 것을 말한다.

비유적으로 말하자면 우리나라 사람들은 보통 다른 나라 사람들에 비해서 정치에 매우 많은 관심을 갖고 있다고 정치학자들은 말한다. 정치적 냉소주의가 팽배해 있는 서구의 다른 나라에 비해서 그렇다는 말이다. 그런 묘사는 대략적으로 그리 틀린 말은 아닌 듯하다. 왜냐하면 대부분의 성인들이 불평을 해대면서도 뉴스와 신문, 그것도 정치섹션을 즐겨 보며, 함께 식사를 하거나 술을 마실 때 처음에는 직장상사의 험담이나 이성친구의 이야기 등에서 시작해서 군대 이야기나 유행하는 스타일의 화제가 대세를 이루다가 적어도 자리를 파하기 전까지는 어디에서든 정치와 관련된 얘기를 약방의 감초처럼 빠뜨리지 않고 곁들이는 것만 보아도 알 수 있다.

현대인의 삶의 일부분이 되어버린 '사회'에 대한 생각

마치 정치에 대해 대부분의 한국인들이 과도한 관심을 쏟는 것과 같이, 역사상에는 사회에 대한 성찰이 과잉이라고 묘사할 수 있을 정도로 만연한 공간과 시간대가 존재한다는 데 우리의 관심이 있다. 다시 말해서, 다른 시대에 비해 사회에 대해 집요하고 체계적인 생각에 몰입하게 되는 어떤 시대가 있어 보인다는 것이다. 그렇다면 그런 시대란 과연 언제일까? 이 질문에 대해 많은 이들이 지금 우리가 '현대'라고 일컫는 시대를 바로 그런 시대라고 답한다. 우리가 살고 있는 사회에 대한 체계적인 성찰이 '현대'에 들어 왜 그토록 만연하게 되었는지는 차후에 차차 살펴보기로 하고, 체계적인 성찰 자체가 발생할 수 있는 조건에 대해 먼저 생각해보기로 하자.

본격적인 얘기에 앞서 독자들을 위해 일말의 힌트를 주어야 할 것 같다. 그 힌트란 다름 아니라, 체계적인 성찰이란 대부분의 사람들에게 그리 흔히 일어나는 일이 아니라는 점이다. 앞에서 잠시 얘기했듯이 인간은 그 자체가 생각하는 자, 그래서 현명한 자인 것은 분명하지만 어떤 것에 대해 골똘히, 체계적으로 그리고 지속적으로 성찰하는 것에는 대단히 어색해할 뿐 아니라 그것을 즐겨 하지도 않는다. 그 이유는 간단하다. 그렇게 골똘히 생각하는 것은 고통스러울 뿐만 아니라 시간이 많이 요구되기 때문이다. 대부분의 사람들은 고통을 피하려고 하고 쓸데없이 시간을 보내는 것에 대해 못마땅해하고 안절부절못한다. 예를 들어 사람들은 첫발을 내디딜 때, 왼쪽 발을 먼저 내딛느냐 혹은 오른쪽 발을 먼저 내딛느냐에 대해 집요하게 생각하지 않는다. 하지만 누군가 이런 질문을 건지고 그것에 대해 골몰할 것을 요구하면 평소에 아무렇지도 않게 하던 일에 신경을 쓰게 될 것이며 어느 쪽 발을 먼저 드는 것이 자신이 원래 해오던 것인가에 대해 골똘히 생각하다 발이 꼬일 수도 있다. 따라서 그런 질문을 던진 사람에게 가히 좋은 대꾸가 되돌아갈 것 같지는 않다.

만일 A라는 사람이 아침에 일어나서 신문을 가지러 현관문을 열고 나갔다가 마침 신문을 가지러 나온 옆집 사람 B와 마주치

게 되었다고 치자. 어느 정도 상식을 가진 사람들이라면 가벼운 목례나 눈인사 정도는 나눌 것이고, 잘 아는 사이라면 아마도 그 정도 수준의 인사를 넘어서 "안녕하세요?" 하고 말을 걸 것이다.

  이 상황에서는 A가 먼저 B에게 "안녕하세요?" 하고 인사를 건 냈다면, 응당 B도 "네. 안녕하세요?" 하고 대꾸하고서는 신문을 가지고 문을 닫을 것이다. 이것은 어느 날 아침 이웃하고 있는 두 사람 간에 일어날 수 있는 매우 정상적이고도 훌륭한 상호작용이라고 할 수 있다. 아무 문제 없이 두 사람 간에 상호작용이 시작되고 완료되었기 때문이다. 그리고 그 원만히 진행된 상호작용을 뒤로하고, 두 사람은 각기 문을 닫고서 "여보, 좋은 아침이야. 빨리 밥 줘. 출근 늦겠어"라고 말하든지, 신문을 펼치면서

"읽을거리가 있어야지. 좀 좋은 소식이 있을까, 오늘은?" 하든지, 어떤 식으로든 각자의 일상으로 돌아갈 수 있게 된다. 아무 문제 없이 말이다. 그렇다면 다음의 상황은 어떨까?

A : 안녕하세요?
B : (A를 뚫어지게 쳐다보고는) 무엇이 안녕하다는 말이오? 어젯밤 숙면을 취했냐는 것을 물어보는 거요? 아니면, 내 정신의 안녕을, 내 몸의 안녕을, 아내와의 잠자리에서의 안녕을 물어본 것이오? 그도 저도 아니라면, 내 재정상태의 안녕이 궁금하오? 도대체 어떤 상태의 안녕이 궁금한 것인지 말해주면 고맙겠소.

이 경우 A가 성미 급한 사람이라면 B가 하는 말을 다 들어보기도 전에 문을 닫고 자기 집으로 들어갔을 것이다. 만일 A가 그보다 조금 더 참을성이 있는 사람이라면 B의 이야기를 끝까지 듣고 아무 대꾸 없이 문을 닫든지 아니면, "저는 별 뜻 없이 인사했을 뿐이에요. 별것에 다 신경 쓰시는군요" 하고 집에 들어와 "재수가 없으려니 별 싱거운 X을 다 보겠네. 여보, 저 옆집 친구 요즘 왜 그런대. 마누라가 바람을 피우나? 아니면 직장에서 잘렸나?"라며 불쾌해할 것이다. A가 아무리 교양이 철철 넘치고 평소에 점잖은 사람이라고 하더라도 말이다.

위의 가정에서 보듯 (실제로 이것은 가정이 아니다. 이와 매우 비슷한 이야기들은 미국의 유명한 사회학자인 가핑켈^{Harold Garfinkel, 1917~}이 보고하듯 학생들이 그에게 제출한 보고서에 빼곡히 등장한다), 이처럼 일상을 살아가는 대부분의 사람들은 집요하거나 과도한, 즉 체계적인 성찰이나 생각을 달가워하지 않는다. 그리고 다행스럽게도, 우리의 일상은 그러한 체계적인 생각들이 일어날 여지가 별로 없을 정도로 다람쥐 쳇바퀴 돌아가듯 술술 잘 돌아가고 있는 것 같이 보인다.

그럼에도 불구하고, 우리의 삶 속에서는 잠자고 있던 숲 속의 공주가 어느 날 갑자기 잠에서 깨어

:: 해롤드 가핑켈

미국의 사회학자로 민간방법론(ethnomethodology)의 창시자. UCLA 사회학과 석좌교수. '사회 질서는 어떻게 창출되고 유지되는가?'라는 문제에 관심을 갖고, 사회성원들의 실제적 추론과 행위에서 그 실마리를 찾았음. 저서로는 『민간방법론연구 Studies in Ethnomethodology』(1967)와 『민간방법론 프로그램 Ethnomethodology's Program』(2002)이 있다.

나듯, 체계적인 성찰들이 불현듯 일어나게 되는 순간들이 반드시 있다. 다시 말해서, 백마 탄 왕자가 마법에 걸린 공주에게 키스를 하고 잠든 그녀를 깨우듯, 우리의 일상에도 체계적 성찰이 일어나게 할 왕자가 있게 마련이라는 것이다. 문제는 잠에서 깨어난 공주가 그를 학수고대하던 백마 탄 왕자로 여기지 않는다는 데 있다.

예를 들면 이러하다. 사지가 멀쩡한 사람들은 그렇지 못한 사람들, 즉 장애인이 대한, 더 정확히 말하면, 장애에 대한 체계적인 성찰을 하지도 않고 그 필요성조차 느끼지 못하는 경우가 대부분이다. 그러나 본인이 불의의 교통사고를 당하거나 심한 병 치레로 신체의 일부가 훼손되는 등의 장애를 안게 되면 상황은 급변하게 된다. 그때야 비로소 장애인들이 짊어지고 있는 고통과 불편 그리고 질곡에 대해서 깊은 성찰을 하기 시작한다. 불행이 닥쳐오기 전까지 그들은 장애인들이 건물을 드나드는 데 얼마나 애로가 많은지, 지하철을 오르내릴 때 얼마나 큰 장벽들에 둘러싸여 있는지, 왜 장애인 전용 화장실이 따로 필요한지에 대해 깊이 고민해본 적이 드물 것이다. 말하자면, 비장애인의 입장에서 본 장애인은 초점이 갖추어져 있지 않은 흐릿한 피사체였을 뿐 자신과는 아무런 관계도 없는 사람들이었던 것이다. 그러나 이런저런 이유로 인해 장애가 한 개인에게 피부 깊숙이 느껴질 정도로 직접적인 경험의 사정거리 속에 들어오게 되면 흐릿하게 맞추어졌던 피사체는 명료한 피사체로 변모한다. 그 이전까지 당연하게 여겨지던 것들이 더 이상 당연하게 여겨지지 않게 되고 그는 끝없는 의문의 도가니 속으로 빠져 들게 된다. 즉

체계적인 고민과 성찰의 바다 속으로 함몰하게 되는 것이다. 따라서 체계적인 성찰의 조건이란 바로 문제의 발생이며 일상의 삐걱거림이라 할 수 있다.

학문의 사생아? 혹은 학문의 여왕? 사회학의 탄생의 비밀을 벗기다

그러면, 이제까지의 이야기를 '사회'에 대한 체계적인 성찰과 연관시켜보자.

인간이란 생각하는 존재이다. 그래서 사회에 대해서 이런저런 생각들을 할 수 있고 해왔던 것이 사실이다. 그러나 역사적으로 어느 시점까지는 그렇게 심각하게 고민하거나 체계적인 성찰을 해온 것 같지는 않다. 그 시점까지 인간들은 사회에 대해 고민하거나 치열하게 생각하기보다는 단지 사회 속에서 순응하며 살았을 뿐이다. 즉, 그들은 그저 사회를 살았을 뿐이다. 사람들은 그런 상황에서 모든 것을 당연하게 여겼고 그런 태도로도 아무런 문제 없이 자신들의 일상의 삶을 살아갈 수 있었다. 그러나 어느 시점부터 사회는 문젯거리가 되기 시작했고 인간들은 비로소 사회에 대해 체계적인 성찰을 시작하게 되었다. 그것도 한두 사람이 아니라 대부분의 사람들이 말이다. 이 시점을 우리는 위에서 '현대'라고 하였다.

그렇다면 어떤 문제가 발생하여 사람들로 하여금 그동안 편안하게 살아왔던 사회에 대해 골똘히 고민하도록 만들었는가? 다시 말하자면, 사람들은 어떤 계기로 사회를 문젯거리로 인식하게 되었는가? 이러한 상황 속에 인간들을 골아넣은 사회적 위기는 무엇인가?

현대사회의 위기는 중세시대의 붕괴로 시작되었고, 그 절정은 프랑스 혁명(1789년)이었다. 물론 그 위기는 지금도 계속되고 있다. 절대 권력을 행사하던 왕의 목이 단두대 처형으로 잘려 나가면서, 붕괴된 것은 단지 구정치질서 ancien régime 뿐만이 아니었다. 그것은 단지 기존의 모든 질서의 붕괴를 알리는 서막에 불과했을 뿐이었다. 기존에 당연시되던 모든 것들의 정당성은 도전과 위협을 받게 되고 의문시되었다. 그것은 실로 엄청난 충격이었다. 그 결과로, 인간들은 자유를 얻었지만 더없이 피곤하게 되었다. 왜냐하면 모든 것을 다시 시작해야 했기 때문이다.

이런 충격은 일반인뿐만 아니라 지식인에게도 마찬가지였다. 그렇지 않아도 괜한 것에 신경을 쓴다고 비웃음을 받아왔던 지식인들에게 사회는 떨쳐버릴 수 없는, 진짜 문젯거리가 된 것이다. 결국 프랑스 혁명으로 고조된 사회 위기 속에서 인간의 사회에 대한 경험, 성찰, 그리고 재인식은 지식인들로 하여금 기존의 학문 영역에서 새로운 판을 짜게 하는 계기를 마련해주었다. 이것이 바로 '사회학'이라는 신생 학문의 탄생에 얽힌 비밀이라고 할 수 있다.

사회학의 탄생은 논리적으로 매우 당연한 일이 아닐 수 없다. 만일 우리가 어떤 것에 대한 체계적인 성찰 자체를 하나의 학문이라고 매우 두루뭉술하게 규정할 때, 사회에 대한 체계적인 성찰의 조건이 완전히 무르익지 않았다면 사회학이라는 학문의 태동은 기대할 수 없게 된다. 하지만 그와 상반된 상황에서는 그런 기대는 충분히 가능하다. 사회에는 위기가 도래했고 그 결과 사회학이 태어나게 되었다. 여자의 배가 부르기 시작했다는 것은 아이가 자궁에서 자라기 시작한다는 것을 의미한다. 그리고 임산부의 배가 점점 부르기 시작한다는 것은 임신하기 전의 신체에 교란이 일어났음을 의미하며 그것은 그녀에게 일종의 위기이기도 하다. 임산부가 몸과 정신을 잘 유지하도록 보호받아야 하는 이유가 거기에 있다.

사회적 위기가 고조되고 사회학이라는 학문이 태동하였지만 아직 세상의 빛을 보지는 못했다. 아직 몸을 풀지 않았다는 것이다. 사회학의 탄생은 콩트$^{August\ Comte,\ 1798~1857}$라는 산파에 의해서 가능하게 되었다. 왜냐하면 그가 '사회학'이라는 명칭을 만들었기 때문이다. 그러나 그에 의해 탄생한 사회학은 다른 학문의 영역에서 그리 환영받지 못하는 운명에 처해 있었다. 거기에는 크게 두 가지 이유가 있었다. 그 한 가지 이유는 기존의 학문들이 새로 태어난 사회학이란 학문을 매우 하찮게 여겼기 때문이다. 말하자면, 기존의 학문들이 사회학을 적자는커녕 서자로서도 인정받지 못하는 천덕꾸러기 사생아인 양 대했기 때문이다. 그들의 입장에서 보면 사회학은 하등 필요 없는, 존재 자체를 인정할 수 없는 학문이었다. 왜냐하면 사회학이라는 독립된 영역 없이 기존

오거스트 콩트

프랑스 철학자. 실증주의의 시조로 사회학을 창시했다. 여러 사회적·역사적 문제에 관하여 온갖 추상적 사변을 배제하고, 과학적·수학적 방법을 통해 인간 지성을 개혁하려 하였다.

의 자신들의 영역에서도 충분히 사회에 대해 성찰하는 것이 가능하다고 여겼기 때문이다.

　사회학이 환영받지 못한 또 하나의 이유는 사회학 자체가 근거도 없이 도도했기 때문이었다. 예를 들건 이런 식이다. "기존의 학문(대표적으로 철학과 신학)은 다 쓰레기다", "학문의 권좌는 이제부터 사회학이 접수한다. 그러니 나머지 것들은 국으로 입 다물고 있을 것!" 콩트는 그런 식으로 허풍을 떨고 돌아다녔다. 나아가 그는 "사회학이야말로 학문의 새로운 여왕으로 등극할 자격이 있다", "왜냐하면 사회학이야말로 그 당시 인류에게 구원의 희망을 안겨줄 것으로 누구나가 기대해 마지않는 과학 중의 과학이기 때문이다"라며 지나친 자만감에 사로잡혀 있었다. 그것을 좋아라 할 사람들이 누가 있었겠는가? 그 자신을 제외하고……. 이런 지나친 자신감이 다른 학문 연구자들의 원성을 살 것은 불 보듯 뻔한 것이었다.

뒤르켐과 베버, 하나의 학문으로서 사회학을 본 궤도에 진입시키다

그 태동과 탄생에서부터 벌써 시끌벅적했던 유아사회학을, 비로소 '사람'으로 만들어놓은 스승들이 있었다. 칼 마르크스^{Karl Marx, 1818~1883}, 에밀 뒤르켐^{Émile Durkheim, 1858~1917}, 막스 베버^{Max Weber, 1864~1920}, 그리고 게오르그 짐멜^{Georg Simmel, 1858~1918}이 그들이라고 할 수 있다. 이들 중에서 우리는 뒤르켐과 베버에 초점을 맞출 것이다. 물론 마르크스와 짐멜도 사회학의 기초를 놓는 데에 처지지 않는 중요한 인물들이지만, 우리가 여기서 초점을 맞춘 뒤르켐과 베버야말로 아무런 근거 없이 구원의 기대로 잔뜩 부풀어 있던 유아 사회학을 침착하고 명민하게 훈육하여 그럴듯한 성인으로 성장시키는 데 모범답안을 제시했던 학자들이기에 일차적인 주목을 받을 자격이 있다.

뒤르켐과 베버는 우선 사회학이 다른 학문의 심기를 불편하지 않게 하면서 동시에 어떻게 그들과 양립할 수 있는 독립적, 개별학문이 될 수 있는지에 대해 깊이 고민하였다. 기본적으로 그들은 사회학이 당대의 내로라하는 쟁쟁한 학문 영역, 이를테면 철학, 신학, 법학, 심리학, 경제학, 정치학 등과 어떻게 어깨를 대등하게 견줄 수 있는지를 여실히 보여주려고 애썼다. 그런 맥락에서 그들이 관심의 초점을 맞춘 것은 사회질서였으며, 그 질서를 유지하는 근간으로 그들은 '믿음'과 '행위'를 꼽았다. 또한 자신들이 개발한 방법론과 여러 개념들을 통해 신생 학문인 사회학의 목적과 나아가야 할 방향을 우리에게 모범적으로 제시해 주었다. 그리고 그들이 향도한 방법들과 여러 개념들, 관심의 주제 등은 유사한 점과 상이한 점들을 동시에 노정시키고 있다. 이것들을 살펴보는 것은 매우 흥미로운 지적 탐험이 될 수 있다.

그러나 지적 탐험을 본격적으로 하기 전에, 잠깐 다음의 몇 가지 사례를 일단 훑어보았으면 한다. 이 사례들은 뒤르켐과 베버를 이해하는 데 훌륭한 단서가 될 수 있기 때문이다.

◆ 사례 1

2006년 초 황우석 교수의 줄기세포 논문이 조작됐다는 조사 결과가 드러나자 그의 지지자인 정 모 씨는 '황우석 교수의 줄기세포 연구 재개'를 요구하며 서울 광화문 사거리에서 몸에 시너를 끼얹고 불을 붙여 스스로 목숨을 끊었다. 정 씨는 분신자살하기 전 한 인터넷 사이트 토론방에 "황우석 박사의 줄기세포 연구 중단 사태 진실 규명과 연구 재개를 위해 광화문으로 가자"는 내용의 게시물을 올리기도 했다.

◆ 사례 2

붉은 티셔츠와 거리 응원은 월드컵의 주요 코드가 되었다. 월드컵이 열린 2002년 6월, 한국 경기가 있는 날이면 길거리는 응원에 나선 붉은 인파로 가득 찼고, 외국의 언론들은 이를 대서특필하기도 했다. 장애인과 외국인 노동자도 거리 응원에 동참했으며 심지어 병상의 중환자들까지 TV를 지켜보며 응원했다. 경기를 지켜보는 이들은 골이 터지고 한국의 승리가 확정될 때마다 서로 얼싸안으며 기뻐했다.

◆ 사례 3

한국의 일부 부모들은 영어 조기교육 열풍 속에서 자녀의 영어 실력 향상을 위해 심지어 아이의 혓바닥 아래 부분을 절개하는 수술을 하고 있다. 혀 밑에 있는 얇은 조직을 절개하면 혀가 더욱 길어지고 빠르게 움직일 수 있기 때문이다. 설소대절제술^{舌小帶切除術}이라고 불리는 이 수술은 혀 밑 조직에 이상이 생겨 언어장애가 일어날 경우 시술하는 것으로 알려져 있다. 언론은 이 수술이 서울의 부유층들이 많이 사는 지역에 만연돼 있다고 보도했지만 정확한 통계는 밝혀지지 않았다. 한국 정부는 이 수술의 확산을 막기 위해 홍보 영화까지 제작하기도 하였다.

◆ 사례 4

부동산판 로또라고 불리는 성남시 판교 당첨을 위해 점집을 찾고 위장 이혼까지 하는 사람들이 늘어나고 있다. 판교 당첨을 기대하고 있는 이 모 씨는 점을 치러 갔더니 가택운이 높다며 구설이 없도록 몸조심하라는 이야기를 듣고 두 달째 술을 끊었다. 또한 인근 사찰은 소원 성취를 바라는 신도들로 붐비고 있고 몇몇 교회는 판교 이전을 위한 '철야 기도회'를 열기도 했다. 남편과 아내가 개별 세대로 등록하고, 심지어 위장 이혼을 하는 등 최대한 당첨 확률을 높이려 갖가지 수단을 동원하는 진풍경이 펼쳐지고 있다.

만일 위에 제시된 사례들을 뒤르켐과 베버가 접했다면, 그들은 어떤 반응을 보였을까? 그들은 우리에게 어떤 견해를 피력했을까? 이 사례들을 빗대어 그들이 침을 튀겨가면서 "그것 보라!", "내가 얘기하고자 하던 것들이 바로 그 사례들에 고스란히 담겨 있노라"라면서 의기양양해할 것이 분명한데, 그렇다면 그들이 얘기하고자 했던 것은 과연 무엇일까? 다른 것 말고 '사회'에 대해 그들이 간파해낸 사실들은 무엇일까?

여러분도 위의 사례들을 접하면서 '사회'에 대해 일단 한번 나름대로 생각해보기 바란다. 그리고 이 책의 독해를 마무리할 즈음, 여러분이 현재 떠올린 생각과 뒤르켐과 베버의 견해 사이에는 어떤 차이가 있는지를 곰곰이 곱씹어보는 시간을 갖길 원한다.

Émile Durkheim

Chapter 2

만남
MEETING

우리는 이제부터 사회학이라는 신생 학문이 하나의 독립된 학문 분과로 성장하는 데
뒤르켐과 베버가 어떻게 일조했는지 살펴보려고 한다. 여기서는 크게 3가지 주요
주제에 대해 뒤르켐과 베버가 각각 어떻게 기여했는가를 간략하게 소개할 것이다.
첫 번째로는 사회학 방법론, 두 번째는 종교, 마지막으로 현대사회에 대한
두 거장의 분석과 견해에 대해서 살펴보는 시간을 갖고자 한다.
자, 그들과 대화할 준비가 되었는가? 그럼, 지식의 향연에 한번 빠져봅시다!

Max Weber

뒤르켐, 사회라는 연구 대상에 걸맞은 방법론 찾기

 예부터 적을 무찌르려면 우선 적을 잘 알아야 한다는 얘기가 있다. 도무지 갈피를 잡을 수 없는 적을 향해 무작정 달려든다는 것은 계란으로 바위를 치는 것과도 같이 우매하고 무모하기 짝이 없는 일을 저지르는 것이나 진배없다. 만일 그렇게 한다면 패배는 명약관화하다. 따라서 적을 넘어뜨리기 위해서는 예리한 전세 파악과 그에 맞는 전략이 반드시 필요하다. 이때 가장 중요하게 고려해야 하는 것은 뭐니 뭐니 해도 적의 정체 파악이다. 전시에 스파이가 맹활약을 하는 이유도 거기에 있다. 만일 적에 대한 정확한 정보를 습득했다면, 십중팔구 그 전쟁은 이겼다고 보아도 무방할 것이다.

 사회학도 마찬가지다. 사회에 대해 골똘히 성찰하는 것을 사회라고 하는 골리앗과의 전쟁으로 비유해볼 때, 골리앗과 씨름하는 장수 다윗은 반드시 그를 넘어뜨리기 위해 골리앗에게만 적용할 수 있는 전략이 필요하다. 그리고 그 전략을 수립하기 위해서는 반드시 골리앗이 어떤 인물인지 정체를 파악해야 한다. 이런 과정을 거치지 않고 무모하게 골리앗에게 달려들었다가는 골리앗이 휘두르는 주먹 한 방에 나가떨어질 것이 뻔하다.

에밀 뒤르켐

이런 면에서 사회학을 탄생시키는 데 산파 역할을 한 콩트는 해준 것이 거의 없다고 보아도 무방하다. 물론 콩트는 사회학이 사회의 굳어진 성질, 이른바 '사회구조'와 같은 영역에 주로 관심을 가져야 한다는 것(이를 콩트는 '사회정학 social statics'이라고 불렀다)과 동시에 사회의 굳지 않은 성질, 이른바 늘 변화하는 것, 즉 '사회변동'이라는 문제에 대해서도 관심을 가져야 한다(이것은 '사회동학 social dynamics'라고 한다)는 매우 소박하면서도 중요한 지침을 제시해준 바 있다. 하지만 이제부터 우리가 초점을 맞추고자 하는 뒤르켐과 베버에 비하면 콩트의 역할은 어린아이 수준이라고밖에 볼 수 없을 정도로 유치한 것이 사실이다. 말하자면, 역시 콩트는 불시에 위급 상황이 발생하면 그저 속수무책일 수밖에 없는 산파일지언정, 그런 상황이 발생한다고 하더라도 의연하게 체계적으로 대처할 수 있는 노련한 산부인과 전문의는 아니었다는 것이다.

그렇다면 뒤르켐의 사회학 연구는 콩트의 그것과 무엇이, 어떻게 다른 것일까?

그것 자체로 고유한 사회적 사실로서의 사회

무엇보다도 뒤르켐은 사회를 '그것 자체로 하나의 독특한 실체'를 이루는 '현상^{phenomenon}'으로 보았다.

우리는 '현상'이 무엇인지에 대해서 지금 자세히 알아볼 필요는 없다. 단지 사진을 다 찍고 필름을 사진관에 가지고 가서 현상할 때의 현상이 아닌 것만 알면 된다. 그러면, 간단한 팁을 하나 제시하겠다. 그것으로 현상이 무엇인지에 대해서 대충 감을 잡을 수 있을 것이다. 우리나라에서는 이것을 보통 무슨무슨 '신드롬'이라고 얘기한다. 예를 들면 이효리 신드롬, 얼짱·몸짱 신드롬, 마빡이 신드롬 등이 그것들이다. 이것과 관련해서 영어에서 신드롬이라는 말을 사용 않고 우리말로 '현상'이라고 번역되는 'phenomenon'을 사용한다. 이 정도면 phenomenon 즉, '현상'이 무엇인지 대충 감을 잡았을 것이라고 생각한다.

그러나 여기서 '현상'이란 용어보다 더 중요한 것은 바로 뒤르켐이 규정지은 사회의 특징이다. '그것 자체로 고유한 하나의 독특한 실체'라는 말은 영어로 'an entity sui generis'라고 옮길 수 있는데 라틴어 'sui generis'는 뒤르켐 자신이 원래 사용한 용어이다. 라틴어 'sui'란 영어로 himself, herself 혹은 itself를 뜻한다. 즉 '그(것) 자체'를 말하는 것이다. 'generis'는 탄생^{birth}, 기원^{origin}, 종류^{kind}, 낳다^{produce}라는 뜻을 가진 'genus'가 그 어원이다. 그래서 그 둘을 합친 'sui generis'는 그 이상의 상위 종^{種}이 없는 '그 자체로 독립적인 종의$^{of\ its\ own\ kind}$', 혹은 의역해서 '독특한$^{unique,\ peculiar}$'의 뜻이 된다. 그런데 우리의 관심은 고어에 있는 것이 아니라 뒤르켐이 위의 뜻을 지닌 형용사를 현재 우리가 초점을 맞추고 있는 '사회'에 적용했다는 사실에 있다. 정리하면, '사회는 하나의 어떤 실체인데, 그것 자체로 고유한 특성을 지닌 하나의 실체'가 된다. 도대체 이것이 무슨 말인가? 뒤르켐이 펼치려 했던 논지의 핵심은 과연 무엇이란 말인가?

여기서 '실체'란 '어떤 것이 아닌 것'이 아닌 바로 '어떤 것', 즉 실제로 '존재'하는 것을 말한다. 더 쉬운 말로는 '있는 것 being, existence'이라고 할 수 있다. 유명한 메리엄-웹스터 온라인 사전 Merriam-Webster Dic ionary에는 '실체'의 뜻이 이렇게 나와 있다.

> 개별적이고 독특한 존재를 지닌 어떤 것,
> 그리고 객관적이거나 개념적인 실재를 지닌 어떤 것
> something that has separate and distinct existence and objective or conceptua reality.

골치가 아프다고? 전혀 그럴 필요가 없다. '실체'란 우리가 흔히 일상적인 대화에서 자주 사용하는 '실제로 있는 어떤 것'을 말할 뿐이다. 한 가지만 조심한다면, 그것이 꼭 눈에 보이는 어떤 형체를 지닐 필요는 없다. 눈에 보이든 보이지 않든 실제로 존재하는 것은 모두 실체다. 예를 들자면, '바람'을 본 사람은 아무도 없다. 하지만 우리 모두는 바람이 존재한다는 것을 알고 있다. 우리는 그것을 피부로 느끼며 아스라한 낮잠에 빠지기도 하고, 그것 때문에 감기 기운을 감지해 재채기를 하기도 한다. 이처럼 바람은 눈에 보이지 않지만 객관적인 실체인 것이다. 필자는 아직도 아프리카의 우간다에 가본 적이 없다. 그러니 나는 그

것을 본 적도 없다. 그러나 우간다의 실체는 분명코 있다. 따라서 우간다도 객관적 실체다. 그러면 육군army은 무엇인가? 우리는 저기 있는 병영을 구분 짓는 철책의 울타리 너머 아침마다 구보와 총검술에 여념이 없는 병사들soldiers을 볼 수 있지만, 결코 육군은 볼 수 없다. 그럼에도 불구하고, 그것은 단연코 그 존재를 부인할 수 없는 개념적 실재라 할 수 있다.

우리는 아버지, 어머니, 누나, 동생, 친구 등을 만질 수 있고, 안을 수 있고, 그들의 등에 기댈 수 있다. 왜냐하면 그들은 그렇게 할 수 있는 물리적 실체이기 때문이다. 하지만 우리는 사회를 만지고, 보고, 냄새 맡고, 맛보고, 들을 수 없다. 그러나 우리는 위에서 제시한 물리적 실체들과는 다른 방식으로 사회를 느낄 수 있다. 어떻게? 한국 남자라면 아무리 가기 싫더라도 특별한 사유가 없는 이상 일정한 나이가 차면 군대에 가야 하고, 혼기가 지나면 가족의 대소사 모임에 나가기 싫을 정도로 결혼에 대한 압박을 받는 것이 바로 그러한 예다. 이런 모든 것들은 비록 그것이 우리의 각막과 시신경 그리고 촉각을 통해 보여지고 느낄 수 없는 것들이라고 하더라도 우리가 충분히 느낄 수 있는 그런 실체들이다. 마치 지금은 세상에 없어 볼 수 없는 돌아가신 부모님이, 살아 있고 형체가 있는 그 어떤 것보다 현재의 '나'를 든든하게 지탱해주는 버팀목인 것처럼 사회도 눈에 보이는 어떤 실체들보다 더 우리에게 강력한 힘을 행사하는 것처럼 보인다. 그런 의미에서 뒤르켐은 사회현상을 '실체'라고 말했던 것이다.

그러나 어떠한 실체라도 그것의 유래를 짐작할 수 있고, 그 유래를 따라 비슷한 것들은 특정한 범주로 묶어서 한데 무리를 지을 수 있기 마련이다. 예를 들면 호랑이나 사자 그리고 재규어 등의 물리적 실체들이 모두 고양잇과Felidae에 속하는 것과 마찬가지다. 다시 말해서 고양이는 비록 그 크기 면에서 왜소한 축에 들지만 호랑이나 사자, 재규어 등과 함께 당당한 고양잇과에 속한 종이다. 그런데 어떤 종은 더 이상의 상위 분류군을 발견하는 것이 불가능한, 즉 그것 자체가 다른 분류군에서 유래하지 않는 경우가 있다. 이것이 바로 'sui generis'의 정확한 의미다.

그렇다면 뒤르켐은 'sui generis'라는 용어를 사전적인 의미 말고, 그 외에 어떤 함축적인 의미로 사회에 적용하여 사용하였는가? 그는 'sui generis'를 사회는 그것을 구성하고 있는 구성원인 인간들과는 별개로 독립적으로 존재한다는 것을 보여주기 위해 사용했다. 다시 말해서, 사회라는 실체는 인간과는 엄연히 성질이 다른 별종別種이라는 것이다.

그런데 나중에 다시 부연하겠지만, 당장은 이것 하나만은 조심하도록 하자. 그것이 무엇이냐 하면, 아무리 사회가 인간과는 다른, 그리고 그것 자체로 독립적인 별종이라고 하더라도 그것을 가능하게 하는 것이 바로 인간이라는 점을 뒤르켐이 부인하지 않았다는 점이다. 이 점은 흔히 뒤르켐의 전통에 속한다는 전문가들조차 혼동하고 있고 오해하는 점인데, 다음의 간단한 예를 통해 그 오해를 불식하기를 기대한다.

그 예란 바로 이것이다. 한 장인匠人이 심혈을 기울여 빚어낸 도자기 하나를 방금 요窯에서 구워냈다고 치자. 분명코 그 도예공과 도자기는 엄연히 다른 종이다. 그 도자기는 적어도 유전적으로는 상위의 유래를 찾을 수 없는, 그것 자체로 독립적인 종임에 분명하다. 그러나 그렇다고 해서 그 도자기가 도예공 없이도 존재할 수 있다고 누군가 주장한다면 삼척동자들도 고개를 내저을 것이다. 뒤르켐은 바로 이런 맥락을 분명히 간파하고 있었다. 하지만 많은 전문가들은 이 부분에 대해서는 도통 까막눈인 것처럼 보인다. 그 이유는 두 가지이다. 그중 가장 큰 이유는 전문가들이라고 해서 모두 뒤르켐을 다 읽고 완전히 소화한 것은 아니라는 점이 그 하나요, 나머지는 사회가 지닌 그 독특한 성질에 잠시 눈이 멀어버려서 그렇게 된 것이다. 첫째 이유는 전문가들도 깊이 반성해야 할 점이고, 둘째 이유는 나름대로 봐줄 만한 이유이긴 하지만 사회학을 업으로 하는 전문가라면 반드시 극복해야만 하는 의무사항이므로 환기를 필요로 한다. 그러면, 무엇이 나름대로 봐줄 만한 이유라는 것인가? 그 이유는 바로 사회가 그 나름의 독자적인 그리고 독립적인 성질을 지닌 '종'이라는 것과 깊이 연관되어 있다. 단도직입적으로 말하자면, 사람들은 사회의 바로 그런 점 때문에 사회에 압도당한다. 압도당하면 그 다음은 판단 능력이 흐려지게 되어 있다. 카리스마가 철철 넘치는 어떤 사람 앞에서 대부분의 사람들이 잘못한 것도 없으면서 괜히 오금을 쓰지 못하는 것과 같이, 무엇에 압도당하면 게임은 해보나 마나다. 그렇다면 '사회'란 도대체 어떤 성질을 지니고 있기에 일반 사람들뿐만 아니라 전문가들조차도 그러한 상황에 빠지게 하는 것일까? 즉, 과연 어떤 측면에서 사회는 인간과는 다른 별종인가?

사회의 중요한 몇 가지 특징

(1) 사회는 남산 위의 철갑을 두른 소나무? : 외재성

사회는 저 멀리 우뚝 선 산이나 바위처럼, 그리고 도도히 흐르는 강처럼 인간들의 외부에 당당히 존재한다. 길을 걸어가다 산이나 바위 혹은 강을 만나 그것들이 방해가 된다고 없애거나 옮길 수 없듯이, 사회도 인간 개개인의 좋고 나쁨에 구애받는 그런 유의 것이 아니다.

개인적 호불호에 의해 사회에 무모하게 덤벼들 경우, 바위에 던져진 계란과 같이 만신창이가 되는 것은 그것을 감행한 특정의 개인일 뿐이다. 군대가 싫다고 해서 무작정 탈영해보라. 그다음은 더 이상 얘기를 하지 않아도 모두가 짐작할 수 있다.

(2) 사회는 국민 여배우 전지현 : 객관성

사회가 '저 밖에' 존재한다는 사실을 단순히 한 개인만이 아니라 그 주위에 있는 모든 이들도 그 사실을 동일하게 인식한다. 이것을 쉽게 말해서, 사회는 주관적이지 않고 객관적으로 존재한다고 얘기한다. 예를 들면 이것이다. 나는 내 여자친구를 이 세상에서 가장 예쁘다고 생각한다. 그런데 내 주위의 사람들 백이면 백이 모두 "아니올시다"라고 얘기한다. 만일 이렇다면 나의 여자친구에 대한 미의 평가는 극히 주관적이라고 말할 수밖에 없다. 하지만 많은 이들이 성형수술을 받으러 가서 "전지현처럼 얼굴을 바꿔주세요"라고 한다면 우리는 '전지현'을 "객관적으로 예쁘다는 평가를 받는다"라고 얘기할 수 있다. 물론 "'객관'이

진정한 미의 척도가 될 수 있는가?" 혹은 "진리와 상통하는가?"는 별개의 문제이지만 말이다.

사회의 객관적 실체성에 대해 더 잘 이해하기 위해 다음의 비유를 들어보자. 그 비유의 예는 다름 아닌 '말＝'이다. 언어도 또한 객관적 실체이기 때문이다. 어느 날 갑자기 기발한 영감이 떠올라 내 앞에 놓여 있는 잉크병을 지우개라고 '나' 혼자서 불러댈 수는 있다. 하지만 친구들 앞에서, 그리고 학교에 가서 그렇게 불러대면 아무도 나를 상대해주지 않을 것이다. 왜냐하면 내 주위의 사람들은 모두 객관적인 잉크병을 인식하고 있을 뿐만 아니라, 실제로 모두 그것을 잉크병이라고 부르기 때문이다. 만약 내가 잉크병을 지우개라고 부르는 것을 계속 고집한다면 그들은 나를 정신병원에 보낼지도 모른다. 이처럼 사회도 '말'과 마찬가지로 객관성을 띠고 있다.

(3) 사회는 마초^{macho}다? : 강제성

'저 밖에' 존재하고 더군다나 객관적으로 모든 이들에 의해 함께 인식된다는 두 가지 사실만으로도 사회란 이미 한 개인에 대해 강제할 수 있는 힘을 지니고 있다고 볼 수 있다. 그러나 진정한 사회의 위력은 다른 곳에서 드러난다. 그때가 언제냐 하면, 바로 망각하거나 허튼 관용에 빠지기 십상인 인간들이 위의 두 가지 사회의 특성을 깎아내리거나 잠시 깜빡했을 경우다. 그렇게 되면 사회는 여지없이 그 무시무시한 이빨과 발톱을 드러내고 가차 없이 전횡을 휘두르게 된다.

예를 들어보자. 많은 승객이 탄 지하철 내에서 젊은 여성에게 한 번 성적^{性的}으로 추잡한 짓을 저질렀지만 아무 문제가 없자 그 짓을 계속 저지른 치한이 있다고 치자. 그리고 그 치한이 어느 날 함정수사를 하러 나온 매력적인 여성 경찰을 잘못 건드렸다가 그만 그녀에게 목덜미를 잡혔다고 가정해보자. 그 경우 그는 여지없이 몇 년 동안 콩밥을 먹게 될 것이 분명하다. 마찬가지로 미국을 여행하고 싶다면 정식으로 여행에 적합한 비자를 발급받아 입국을 해야지 그렇지 않고 멕시코나 캐나다 국경을 불법으로 월경하다가는 그야말로 남의 나라에서 경을 치게 될 것은 각

오해야 한다. 이처럼 사회는 강제력을 행사할 강력한 힘을 가지고 있다.

(4) 사회는 호랑이 훈장 어른? : 정당성

위의 세 가지 특성을 지닌 사회는 거기에 덧붙여 도덕적 권위까지 지니고 있다. 그렇다면 도덕적 권위와 위에서 언급한 '강제성'과는 어떤 차이가 있을까? 한마디로 말해서, 강제성은 기본적으로 물리적인 힘의 행사를 전제로 하는 것이지만 도덕적 권위, 즉 정당성은 물리적 힘의 행사 없이 단지 헛기침만으로도 사람들을 완전히 위축시킬 수 있는 또 다른 힘의 바탕이 된다. 이때 어떤 것에 대해 위축된다는 것은 정신적으로 완전히 압도당하는 경지에 이르렀을 때, 혹은 그것의 요구가 매우 이치에 합당한 것이라고 여겨져 수긍할 때, 자발적으로 수그리고 들어가는 상태를 말한다. 사회는 이런 힘도 가지고 있다는 것이다.

다음은 어떤 TV 프로그램에서 방영된 내용이다. 2002년 월드컵 경기가 열리던 때, 한국은 온통 거리 응원으로 흥분의 도가니가 되다시피 했다. 한국이 한 경기에서 이긴 직후 많은 사람들이 거리로 쏟아져 나왔을 때 발생한 일이란다. 거리 응원단의 규모는 점점 커져 도로는 매우 혼잡했다. 이때 강남 어느 로터리에서 접촉사고가 발생했다. 여느 때처럼 시시비비를 가리기 위해 차에서 내린 운전자가 상대방에게 인상을 쓰며 걸어가고 저쪽에서도 운전자가 내려 걸어오는 순간이었다. 마치 서부 영화의 결투 장면과도 같이……. 보통은 고함으로 시작해서 삿대질 그리고 심하면 멱살잡이가 일어나려는 긴장된 순간 바로 그때, 거리로 쏟아져 나온 사람들이 두 대의 차 주위를 삽시간에 에워싸기 시작했다. 그리곤 박수를 치며 모두들 한목소리로 외치더란다. "괜찮아! 괜찮아!"라고……. 그래서 이 사고의 당사자들도 더 이상의 잘잘못을 가릴 엄두를 내질 못하고 각자 차를 몰고 서서히 그 현장을 빠져나왔다고 한다. 무엇이 이런 일을 가능케 했을까? 거기엔 중무장한 경찰이나 군인이 있지도 않았다. 다만 단순한 일반인들이 있었을 뿐이다. 거기에는 흥분의 도가니 속에 빠진 군중의 힘, 사회의 힘이 있었고, 그것에 압도당한 두 운전자가 있었을 뿐이다. 그리고 그 사회의 힘은 비록 이 경우 일시적이기는 하지만, 그 순간만큼은 엄청난 도덕적 권위를 지닌 것으로 보아야 한다. 그러한 도덕적 권위 앞에 일개 개인의 이해관계를 따지는 것은 매우 치졸한 일인 것처럼 여겨져 당사자들이 그 권위에 자연스럽게 머리를 조아리게 되었던 것이다.

(5) 사회의 '짬밥'은 상상 초월? : 역사성

사회는 지난 시일 동안 존속되어온 오랜 역사를 지니고 있다. 한 개인의 일대기를 사회의 역사와 견줘보면 비교의 대상이 될 수 없을 정도로 미미하기 그지없다. 확실히 사회의 역사는 한 개인의 일대기를 훌쩍 뛰어넘을 뿐만 아니라, 아무렇지도 않은 듯 그것을 자신의 역사에 파묻히게 한다. 이렇게 되면 사회의 역사 앞에 선 한 개인은 있으나 마나 한 존재처럼 왜소해지기 마련이다.

  우리는, 우리가 태어나기 전부터 이미 사회는 존재하고 있었고 우리가 죽고 나서도 사회는 여전히 지속되리라는 것을 인생

의 초창기에 알게 된다. 이를 깨닫게 될 때는 조금만 문자를 아는 사람이라면 언제나 인생무상人生無常이라는 단어를 떠올리게 되어 있다. 자신의 일대기에 대한 덧없음을 인식하는 무렵이 바로 사회의 위풍당당한 외양 앞에서 기가 팍 죽게 되는 때이다.

물론 오해하지 마시라. 위에서 살펴본 다섯 가지 사회의 특징을 뒤르켐이 죄다 얘기한 것은 아니다. 다섯 가지 특징을 일목요연하게 구별 지은 사람은 버거Peter L. Berger, 1929~란 학자이다. 버거가 선별해놓은 특징을 뒤르켐의 'sui generis'로서의 사회와 연결시키기 위해 필자가 살을 붙였다.

만남 2

뒤르켐,
자살 논의에 한 수 두다

『자살론』

앞에서 비교적 상세하게 살펴본 뒤르켐의 사회에 대한 시각은 다음의 한마디로 요약할 수 있다.

"사회적 사실을 사물처럼 취급하라."

물론 이러한 그의 단호한 주장이 뒤르켐 이후에 전개된 사회학에 지대한 영향을 미친 것은 사실이지만 동시에 뒤르켐의 원래 의도와는 달리 많은 오해들을 불러왔다는 사실 또한 간과해서는 안 된다. 그러한 오해를 한 주체로는 뒤르켐을 반대하는 사람들뿐만 아니라, 뒤르켐을 추종하는 진영즈차 예외일 수 없다. 이에 대한 자세한 논의는 너무 전문적이므로 후일로 미루고 여기서는 다음에 이어지는 한 가지만을 지적함으로써 뒤르켐의 의의 주장과 관련된 모든 오해를 종식시키기를 바란다.

'사회적 사실을 사물처럼 취급하라'는 뒤르켐의 주장은 단지 '비유'적 표현임을 명심해야 한다. 뒤르켐은 그의 유명한 저서

『사회학적 방법의 규칙들The Rules of Sociological Method』(1895)에서 이것을 분명히 했다. 그는 '사회적 사실이 사물thing'이라고 말한 적이 결코 없으며, "사회적 사실을 사물처럼 취급하라"는 주장은 단지 '비유'일 뿐, 그 언명의 핵심은 "비록 형태는 다르더라도 물질적인 것과 동등한 권리를 사회가 갖는다"는 점을 천명하려 했다고 못 박고 있다.

이 점을 분명히 이해했다면 '사회적 사실'을 '사물'로서 굳건히 믿고 있는 이른바 후대의 뒤르켐주의자들Durkheimian이나, 이들을 신랄하게 비판하면서 뒤르켐까지 그 원흉으로 싸잡아 공격하는 반뒤르켐주의자들anti-Durkheimian 모두 뒤르켐을 오해하고 있다는 것을 쉽게 간파할 수 있게 된다. 전자의 진영에 포진해 있는 사람들로는 대표적으로 기능론자들functionalists이 거론될 수 있고, 후자의 진영의 대표주자들로는 이른바 상징적 상호작용론자들symbolic interactionists, 현상학자들phenomenologists, 그리고 민간방법론자들ethnomethodologists 등을 들 수 있다. 그러나 조심해야 할 것은 후자의 진영에 속해 있다고 분류된 사람들 중에도 뒤르켐의 의도를 정확하게 파악하고 자신들의 사회학 이론을 전개하는 데 응용한 사람들이 있다는 사실이다. 대표적인 사람들로는 버거, 고프만Erving Goffman, 1922~1982 가핑켈 등이 있다. 현재 출간되어 있는 몇몇 신중치 못한 사회학 이론 책에는 이들조차 모두 뭉뚱그려서 반뒤르켐주의자 진영에 포함시키고 있다. 세심한 주의가 필요한 대목이다.

뒤르켐의 지령 자살을 사회적 사실로 그리고 사물로 취급하라

이제 본격적으로 사회적 사실의 특징을 나름대로 간파하고 그에 걸맞은 연구 방법을 주창했던 뒤르켐의 실례를 살펴보기로 하자. 그 예는 자살이다.

지금도 여전히 그렇지만 뒤르켐 당시만 해도 자살 사건을 두고 그 행위에 대한 일반인들의 설명과 전문가들의 설명은 주로 자살을 행한 한 개인의 심리 상태에 맞추어져 있었다. 이를테면 다음과 같이 말이다. 어느 사람이 자살을 했다. 사람들이 그 자살 사건의 이유를 들먹일 때, 흔히 그가 최근 실연을 경험했다거나, 심각한 생활고에 시달려 괴로워했다거나, 아니면 기러기 아빠가 되어 떨어져 사는 가족에 대한 그리움으로 실의에 빠져 있다는 등의 이야기들이 거론될 수 있다. 모두 일리가 있는 얘기들이다. 그러나 뒤르켐의 입장에서 이러한 설명들은 전혀 사회학적인 분석과 설명이 될 수 없다. 왜냐하면 하나의 고유한 독자적 실체로서 마치 사물과 같이 존재하는 사회적 사실은 한 개인의 내면의 심리로 '환원'될 수 없다고 보았기 때문이다. 여기서

:: 어빙 고프만

캐나다 태생의 미국 사회학자로 '상징적 상호작용론'과 맥을 같이하는 '연극론적 사회학(dramaturgical sociology)'을 창안함. 사회적 삶을 연극무대 위의 공연에 비유한 창의적 시각으로 현대사회학계에 신선한 바람을 일으킴. 콜린스 같은 이에 의해 뒤르켐주의자로 분류될 정도로 고프만에게서는 뒤르켐의 흔적을 많이 발견할 수 있다. 대표적 저작으로는 『일상생활에서의 자아 표현 The Presentation of Self in Everyday Life』(1959), 『수용소 Asylum』(1961), 『낙인 Stigma』(1963), 『틀 분석 Frame Analysis』(1974) 등이 있음.

환원이란 말은 어느 것 하나만으로 모든 것이 설명될 수 있다는 말로 이해하면 된다.

　이와 같은 견해에서 뒤르켐은 자살이라는 인간의 독특한 행위조차도 사회적 사실로 접근했다. 이를 위해 그가 행한 최초의 작업은 관심의 초점을 '자살'에서 '자살률 suicide rate'로 옮긴 것이다. 이러한 초점의 변화는 기존의 자살 연구와 그의 자살 연구의 목적 간의 선을 분명히 해준다. 기존의 자살 연구의 주요관심이 "그(녀)가 자살을 왜 했는가?"에 있었다면, 뒤르켐의 주된 관심은 "어떻게 특정 집단 내에서 자살한 사람들의 비율이 비교적 지속적으로 유지되는가?"에 맞추어져 있었다. 다시 말하자면, 그의 관심은 한 사회에 있어서 자살률의 안정성과 변화에 맞추어져 있었다. 이는 곧 자살 연구가 뒤르켐에 이르러 비로소 사회적 사실의 수준으로 올라가게 됨을 뜻한다.

　그는 이러한 연구 목적을 달성하기 위해 통계 연구 방식을 채택하였다. 이 방식은 현재 발달한 최신 연구 방법에 비하면 매우 조야한 것이지만 그 당시만 해도 매우 획기적이었다. 물론 당시에도 자살한 사람의 수를 세는 정도의 통계는 광범위하게 사용된 모양이다. 그런 상황에서 뒤르켐의 통계 사용 방식이 획기적이라고 평가받을 수 있는 것은 그가 통계를 사용하여 자살률에 영향을 미치는 사회적 원인을 찾아내려 했기 때문이다.

　자살률의 사회적 원인을 밝혀내기 위해 우선 그가 행한 것은 통계를 사용하여 자살이 정신질환, 인종, 유전, 풍토 등과 같은 요인들과 어떠한 관계도 맺고 있지 않는다는 점을 제시하는 것이었다. 뒤르켐은 이와 같은 자살의 비사회적인 원인을 제거하면서 자살률의 다양한 변이가 사회적 원인에서 기인한다고 주장하기에 이른다. 그리고 마침내 자살의 기저가 되는 사회적 원인을 거론하게 되는데 그것은 바로 사회가 '통합'되는 정도, 즉 한 사회나 집단의 '응집력' 혹은 '연대력solidarity'이었다. 이와 같은 맥락에서 뒤르켐은 몇 가지 명제들을 만들어냈는데 이를테면 다음과 같은 것이다.

- 가톨릭교도보다 개신교도가 자살을 할 가능성이 더 높다.
- 기혼자보다 미혼자가 자살을 더 많이 한다.
- 시골에 사는 사람들보다 도시에 사는 사람들이 자살을 더 많이 한다.

이러한 명제의 행간을 잘 파악해보라. 그 행간에 도대체 무엇이 도사리고 있는가? 그것은 위에서 말한 집단의 '응집력', 조금 더 자세하게 말하면 한 집단의 구성원이 다른 개인들과 나누어 가지는 교분과 끈끈한 감정, 즉 그들 간의 강력하고 실제적인 사회적 유대에 뒤르켐이 주목하고 있다는 점이다. 다시 말하자면, 그는 한 사회나 집단의 응집력 정도에 따라 자살률의 차이가 나타남을 직시하였다. 집단의 응집력이 강한 곳은 그렇지 않은 곳에서보다 자살이 일어날 확률이 더 낮다는 것이다. 그렇다고 하더라도, 뒤르켐은 한 집단의 응집력이 아주 강하다고 해서 자살이 아주 일어나지 않는 것은 아니라고 주장했다. 확실히 그런 곳에서도 자살은 일어난다. 그러나 자살의 원인이 그렇지 않은 곳과는 사뭇 다르다. 이것은 다음에 살펴볼

뒤르켐이 구분한 자살의 세 가지 유형을 보면 충분히 수긍하게 될 것이다.

(1) 이기적 자살 egoistic suicide

한 사회나 집단의 응집력이 대단히 약화됐을 때 나타날 수 있는 자살이다. 흔히 집단을 먼저 생각하는 집단주의보다는 과도한 개인주의가 판을 치는 상황에서 일어날 수 있는 자살로 주위의 어떤 이와도 끈끈한 연대감을 맺지 않을 때, 그리고 그러한 상황을 선호하는 사람들이 들끓는 곳에서 일어나는 자살이다. 이런 사회적 상황 속에서 개인의 주요 관심사는 자기 자신의 문제 그리고 자기 자신일 뿐이다. 한마디로 이런 유형의 자살을 시도하는 사람은 자신 외에 타인들에겐 아무런 관심도 없으며, 따라서 사회를 있으나 마나 한 것으로 여긴다.

(2) 이타적 자살 altruistic suicide

이 유형의 자살은 이기적 자살이 일어날 수 있는 상황과 정반대의 상황에서 일어날 수 있다. 즉 사회적 응집력이 매우 강한 곳에서 발생할 수 있는 자살이란 것이다. 뒤르켐의 탁월성은 여기서 발휘된다. 그는 자살을 사회적 통합 정도와 연결시키고 사회적 통합이 강한 곳에서는 그렇지 않은 곳보다 자살이 덜 발생할 것이라고 예견하면서도 사회적 통합이 극도로 강한 곳에서도 자살이 일어날 수 있다는 점을 간파했다. 그리고 그러한 상황에서 발생할 수 있는 특이한 자살 형태 또한 자살의 범주에 포함시켰다는 점에서 뒤르켐의 천재성이 나타난다.

집단의 힘이 개인을 완전히 압도할 때, 그리고 개인에게 있어 집단이 인생의 전부이자 의미이며 개인과 집단이 분리되지 않고 완전히 일치할 때, 개인은 집단이 그에게 자살을 직·간접적으로 강요하더라도 그것을 마다하지 않는다는 것이다. 이런 상황에서 개인은 집단의 존속을 위하는 것이라면, 그것을 위해 요구되는 것이 비록 목숨이라고 할지라도 기꺼이 자신의 생명을 바칠 수 있고, 게다가 한술 더 떠서 그러한 요구 자체를 영광으로 받아들인다. 대표적인 예를 들면, '천황폐하 만세'를 외치며 미국 전함으로 전투기째 떨어져 자폭한 가미카제특공대, 자살테러를 감행하는 이라크의 테러범, 남편이 죽으면 아무 말 없이 남편의 무덤에 함께 묻히는 인도 사티제도(순장제도의 일종)의 희생자들이 그 예라고 볼 수 있다.

(3) 아노미적 자살 anomic suicide

'아노미(anomie, 영어로는 anomy)'에서 따온 이 유형의 자살은 먼저 아노미란 용어의 뜻을 알게 되면 그 성격을 규명할 수 있다. 뒤르켐은 인간이란 끊임없이 자신의 욕망을 충족시키려 하는 존재라고 보았다. 또한 동시에 그는 인간 자신의 그러한 끊임없는 욕망을 어떤 식으로든 억제하지 않으면 커다란 위험에 처할 수밖에 없다고 주장했다. 여기서 그는 인간의 욕망을 억제시킬 수 있는 중요한 장치가 있는데 그 장치를 사회가 지니고 있다고 말한다.

뒤르켐의 말에 따르면 사회는 원칙적으로 인간의 무한한 욕망을 억제시킬 장치를 보유하고 있고 또 그래야만 한다. 그리고 그

러한 사회의 억제력은 인간에게 강한 구속력과 압제를 행사하는 것으로 여겨지지만 동시에 다른 한편으론 사회의 억제력 때문에 인간은 오히려 편안함을 느낄 수 있다고 뒤르켐은 설파한다. 확실히 발을 뻗고 깊은 단잠에 빠질 수 있는 사람은 노예나 마당쇠지 언제든 자신의 무한한 욕망을 채울 수 있는 왕이나 황제일 확률은 매우 희박하다. 그래서 무한한 욕망이라는 기차에 몸을 맡길 수 있는, 이른바 세상의 절대 권력자들은 숙면하기 힘든 불면증 환자일 공산이 크다. 그러나 욕망을 억제할 수밖에 다른 도리가 없는 사람들은 자신의 욕망을 포기하는 만큼 두 다리를 쭉 뻗고 단잠에 빠져 들 수 있게 된다. 왜냐하면 그들은 더 많은 선택의 기로에서 더 많은 생각을 할 필요가 없기 때문이다. 선택과 생각은 사람을 피곤하게 만들고 스트레스를 받게 한다. 이런 맥락에서, 얼핏 보아 피하고만 싶은 규제와 억압이 그렇게 나쁜 것만은 아니라는 점을 뒤르켐이 왜 강조했는지를 우리는 쉽게 이해할 수 있다.

그런데 그러한 규제와 억압이 존재하지 않는 상황이 발생할 수 있다는 것이다. 이를 뒤르켐은 고상한 말로 '**무규범 상태**the state of normlessness'라고 명명하면서 이것을 더 줄여 '아노미'라고 하였다. 그리고 이러한 '아노미'적 상황에서 발생할 수 있는 자살의 유형이 바로 '**아노미적 자살**'이다. 사람들은 규제와 억압을 혐오하는 것 같지만 아이러니하게도 규제와 억압이 없는 상황 또한 견디지 못한다. 후자의 상황에서 발생할 수 있는 자살이 바로 '아노미적 자살'이다.

아노미적 자살

이기적 자살

이타적 자살

뒤르켐은 또한 '아노미'를 다른 식으로도 규정했다. 그것은 바로 '자신이 어디에 소속되었는지를 모르는 상태'다. 이것은 위의 '무규범 상태'와 뚜렷하게 구분되는 것은 아니지만 약간은 다른 의미를 내포하고 있다. 개인적으로 필자는 후자의 아노미 뜻풀이를 더 선호한다. 왜냐하면 이것이 전자를 포괄하면서 보다 더 정확한 아노미의 이해에 도달하게 해주기 때문이다.

그렇다면 '아노미'의 예는 어떤 것이 있을까? 먼 데서 찾지 말기를……. 독자 모두 경험했거나 앞으로 경험할 수 있는 것이기 때문이다. 예를 들어볼까? 고등학교 3년 동안 입시공부에 매달려 있던 수험생이 수능시험을 끝내고 대학에 진학하기 전까지의 상황 또는 제대할 날짜만 학수고대하고 있다가 제대하여 대학에 복학하기 전까지의 허공에 뜬 것처럼 여겨지는 상태도 이에 해당한다고 볼 수 있다. 더 잔인한 예를 하나 들어볼까? 직장생활이 힘들고 짜증 나서 사직서를 늘 품에 넣고 다니며 직장에서의 탈출을 꿈꾸던 이가 어느 날 출장을 다녀와서 보니 자신의 책상이 없어지고 회사에서 막상 퇴출당했을 때, 그리고 그 사실을 부인에게 알리지 못하고 매일 여느 때처럼 출근길에 나서지만 정작 갈 곳이 없어 신문지 한 장 달랑 들고 남산으로 가 시간을 때우게 될 때가 바로 정확한 '아노미'의 예라고 할 수 있다. 여기서 제시한 예에서 볼 수 있는 인간 군상은 어느 곳에도 소속되지 않은 사람들이며 그들이 속하지 못한(혹은 않은) 집단이나 사회의 규범들로부터도 그만큼 멀어져 있다. 말하자면 이것이다. 고등학생도 그렇다고 대학생도 아닌 것이, 혹은 군인도 민간인도 아닌 것이, 직장인도 완전한 부랑자(홈리스)도 아닌 것이, 앞에서 말한 인물 군상들이 공히 보이는 애매모호한 성격인 것이다.

  참으로 보통 사람들은 이러한 애매모호한 상황을 못 견뎌 한다. 특히 사회나 집단에 인이 박인 사람들이나 그것이 삶의 전부인 양 살아왔던 사람들, 그 속에서 모든 의미를 찾았던 사람들이라면 그 정도는 더욱 심하게 된다. 어쩌면 극단적인 경우 어떤 이는 자살을 감행할지도 모른다. 바로 이러한 상황에서의 자살이 뒤르켐이 말하는 '아노미적 자살'인 것이다.

'아노미적 자살'과 코드가 맞는 자살 유형은?

그런데, '아노미적 자살'과 관련된 흔한 오해가 사회학계에 있다. 여기서 지적하고 싶은 대표적인 오해로는, 대부분의 사회학자들이 '이기적 자살'과 '아노미적 자살'을 두루뭉술하게 비슷한 것으로 여긴다는 것이다. 아마도 이런 식의 사고를 하는 데에는 '이기적 자살'과 '아노미적 자살'이 현대사회에서 많이 일어난다는 추측에서 비롯된 것 같다. 이런 추측에는 일견 타당성이 있긴 하지만, 그렇다고 해서 그 두 유형의 자살을 같은 범주에 집어넣는 것은 어불성설이다. 엄밀하게 말해서, 같은 성격으로 치면, '아노미적 자살'은 '이타적 자살'과 같은 범주에 들어가기 때문이다. 이것이 무슨 말이냐고? 답은 간단하다. 위에서 설명한 세 가지 자살의 성격을 잘 곱씹어보라. '이기적 자살'을 자행할 사람들은 사회에 목숨을 건 사람들이 아니었다. 그들은 타인들과 전혀 연결되지도 않았고 그러기도 원치 않는 이들이다. 어떻게 보면 사회와 타인들로부터 상당한 자유를 가진 사람들이라고 할 수 있다. 그런데 '이타적 자살'의 경우에 해당하는 사람들은 정반대의 성향을 지닌 사람들이라고 간주할 수 있다. 말하자면, 이런 유형의 자살을 감행하는 사람들은 사회와 자신을 그리고 타인들과 자신을 분리하지 못할 정도로 사회와 타인들과 밀착된 삶을 영위하는 사람들이라고 볼 수 있다. 즉, 그들은 '이기적 자살'을 감행할 가능성이 있는 사람들과는 전혀 다르게, 사회나 타인들에게 목을 맨 사람들이다.

그러면 그런 가능성이 농후한 사람들 그리고 실제로 그런 자살을 감행한 사람들은 왜 그토록 사회나 그들이 속한 집단의 타인들에게 집착하는 것일까? 왜 그토록 그것들을 의지할까? 그것은 한마디로, 사회나 집단이 그런 사람들에게 그들이 삶을 살아가는데 있어 어떤 의미 있는 질서를 부여해주고 있기 때문이라고 뒤르켐은 이야기한다. 그러한 의미 있는 질서를 버거는 '노모스 nomos'라고 지칭하였다. 뒤르켐이나 버거의 눈에 인간이란 존재는 이러한 '노모스'가 없이는 삶을 살아가기가 무척 힘든 것으로 보인다. 그리고 뒤르켐에 의하면 바로 '노모스'의 붕괴가 '아노미'라는 것이다. 그렇다면 '아노미적 자살'을 자행할 수 있는 사람들은 어떤 이들인가? 사회와 타인들로부터 멀어진 것을 즐기는 사람들인가, 그러한 소외를 못 견뎌 하는 사람들인가? 답은 물론 후자이다. 그들은 어느 집단이나 사회에 소속되지 못한 것을 참지 못하고 괴로워하는 사람들이다. 그리고 그들은 어느 집단이나 사회가 그들을 규제하고 억압해주기를 기꺼이 바라마지않는 사람들이다. 따라서 '아노미적 자살'은 '이타적 자살'

과 더욱 일맥상통하는 듯처럼 보인다. 흔히 생각하듯, '이기적 자살'과 코드가 맞는 것이 아니라는 얘기이다.

만남 3

종교인가 사회인가?
뒤르켐의 종교사회학

위대한 사상가는 단지 하나의 문제에 몰두한다

이런 경우에 뒤르켐도 예외는 아니다. 뒤르켐은 그의 일생 동안 단 하나의 문제에 집착해 있었다. 그것은 다름 아닌, "어떻게 사회질서가 가능한가?"라는 문제였다. 그리고 일평생 동안 뒤르켐을 사로잡았던 그 문제는 조금 달리 표현하면, "무엇이 사회를 지탱하는가?" 하는 것이 된다.

이 문제를 사회학에서는 보통 '홉스의 문제'라고 한다. 영국의 철학자인 홉스^{Thomas Hobbes, 1588~1679}가 『리바이어던^{Leviathan}』(1651)에서 제기했던 이 사회질서에 대한 문제는 사회학이라는 학문에 있어서 가장 핵심적인 문제라고 하지 않을 수 없다. 물론, '만인의 만인에 대한 투쟁^{bellum omnium contra omnes}' 상태를 어떻게 벗어나는가에 대한 홉스의 입장과 뒤르켐의 견해 간에는 심각한 차이가 있지만, 어쨌든 뒤르켐을 평생 사로잡았던 문제 자체는 홉스가 관심을 기울였던 문제와 아무런 차이가 없다고 보면 된다.

뒤르켐은 사회 질서를 가능케 하는 것, 즉 사회라는 것이 존재할 수 있도록 하는 것이 다름 아닌 종교라고 보았다. 그에게 있어, 각기 생김새와 관심사가 다른 각양각색의 사람들을

토머스 홉스

서로 엉겨 붙게 하는 접착제의 역할을 담당하는 것은 다름 아닌 종교였다. 즉, 사회질서의 기초에 바로 종교가 있다는 것이다. 이것은 나중에 다룰 베버에게 있어서도 동일하다. 사회질서를 가능케 하는 것은 베버에게 있어서도 종교이다. 하지만 베버의 종교와 뒤르켐의 종교는 색깔이 다르다는 점에 주의해야 한다.

베버는 기존의 사회질서를 정당화한다는 의미에서 종교가 사회질서를 가능케 한다고 보는 반면, 뒤르켐은 종교 자체가 사회의 초석이 된다는 의미에서 그런 역할을 한다고 본다. 조금만 더 이야기하면, 베버의 종교는 하나님, 천사, 악마 등의 이른바, '초자연적 실재 supernatural reality'를 포함한다. 그런 존재들이 인간들이 엮어가고 있는 드라마인 사회의 이런저런 지침들에 대해서 정당성을 부여함으로써 사회질서가 가능하다고 보는 것이다. 이와 대조적으로, 뒤르켐의 종교에는 그러한 '초자연적 실재'는 철저히 배제된다. 따라서 그런 '초자연적 실재'의 정당화 같은 논의는 아예 일말의 여지가 없다. 이런 맥락에서, 뒤르켐이 말한 종

교가 사회질서를 가능케 한다는 의미는 베버 식과는 다른 매우 흥미 있는 방식으로 이해할 필요가 있다.

사회적인, 너무나 사회적인! 뒤르켐의 종교의 정의

원래의 뒤르켐 사상을 곡해하지 않고 올바르게 이해하고 있다고 간주되는 버거는 뒤르켐이 내렸을 법한 종교에 대한 정의를 다음과 같이 제시하고 있다.

> 뒤르켐이 규정한 종교란 한 사회에 속한 모든 이들이 그들 간의 '응집력 solidarity'의 결정적인 토대를 제공하며, 동시에 자신들을 궁극적으로 묶어주는 것으로 간주하는 '집합표상 collective representation'이다.
>
> 버거의 보스턴 대학 종교사회학 세미나 강좌

'집합표상'이라는 용어에 대해서는 조금 나중에 설명하기로 하고, 왜 뒤르켐은 '다발(혹은 묶음, binding)'이라는 용어를 종교와 관련하여 사용하는지에 대해 간략한 배경 설명이 곁들여져야 할 것 같다.

그 이유를 한마디로 요약하면, 뒤르켐에게 있어 '다발'은 곧 '종교'를 표상(의미)하기 때문이다. 즉, 그에게 있어서 '묶는 것'이 그리고 동시에 '묶음'이 곧 종교이기 때문이다. 영어 'religion'의 어원을 자세히 살펴보면 뒤르켐이 왜 그러한 견해를 피력했는지를 더 잘 이해할 수 있다. 'religion'의 어근은 'religio'이다. 그런데 버거의 주장에 의하면, 뒤르켐은 그 어근이 라틴어 're-ligāre'에서 유래했다고 여겼다는 것이다. 아시다시피, 're'는 '반복'을 뜻하며 영어로 바꾸면 'again'이다. 즉 '다시'이다. 그러면 'ligāre'는 무엇일까? 그것은 'ligō'의 부정사형으로 뜻은 '묶다 to bind, tie'이다. 따라서 그 둘을 연결한 라틴어 're-ligāre'는 '다시 묶다 to bind again, rebind'가 된다. 버거에 따르면 종교의 어원은 다른 식으로도 접근이 가능하지만, 뒤르켐은 바로 이 '다시 묶다'에서 'religion'이 나왔다고 믿었다는 것이다. 따라서 뒤르켐이 종교를 말하면서 '다발'을 언급하는 것은 너무나 당연했다.

거기에 덧붙여, 무신론자의 범주에 속하는 뒤르켐이 종교를 그의 연구 주제로 삼은 사실이 얼핏 보면 괴이하게 보이는 것이 사실이다. 그런데 그런 의구심을 갖다가도 그가 내린 종교의 정의를 되씹어보면 무신론자인 뒤르켐이 아무런 껄끄러움 없이 종교 연구에 손을 댈 수 있게 된 경위를 이해하게 된다. 뒤르켐은 종교를 탐구할 때 '초자연'을 배제하는 대신 반드시 포함시켜야 할 것으로 '다발'을 제시했다. 이로써 무신론자가 종교에 대해 언급하면서 지닐 수 있는 일말의 부담감을 벗어던진 채 당당하고 그리고

::: 피터 버거

으스트리아 비엔나 태생의 미국의 사회학자. 현재 보스턴 대학의 석좌교수. 사회학 이론, 종교사회학, 지식사회학 등에 지대한 기여를 함. 『실재의 사회적 구성 The Social Construction of Reality』(1966), 『사회학의 초대 Invitation to Sociology』(1963), 『거룩한 천개 The Sacred Canopy』(1967), 『고향을 잃은 사람들 Homeless Mind』(1974), 『웃음의 구원성 Redeeming Laughter』(1997) 등의 수많은 저서가 있다.

자연스럽게 '종교' 문제에 천착할 수 있었던 것이다. 다시 말해, 종교에서 '초자연'을 배제한 뒤르켐식의 새로운 정의는 무신론자도 종교를 연구할 수 있도록 면죄부를 준 것과 진배없다.

'다발'에 대해 어느 정도 이해가 되었다면, 이제는 '집합표상'에 대해 이야기해야 할 차례이다. 뒤르켐은 사회를 '집합표상' 없이는 작동이 되지 않는 것으로 간주하였다. 그러면 도대체 '집합표상'이란 무엇인가? 쉽게 얘기해보자. 그것은 다름 아닌 '사회의 심성 the mentalité of a society'이다. 영어 'mentality'와 같이 혼용해서 쓰이는 불어 'mentalité'도 위에서 살펴본 다른 용어들과 마찬가지로 라틴어에서 유래했다. 이 경우에는 라틴어 'mēns'에서 유래했고, 'mēns'는 마음mind, 생각thought, 의도intention, 지성intellect 등의 뜻을 가지고 있다. 이런 뜻을 품고 있는 'mentalité'는 영영사전의 뜻풀이를 보니 '~관觀, outlook', '한 사회성원들에 의해 공유된 일련의 사유 과정, 가치, 그리고 신념set of thought processes, values, and beliefs shared by members of a community'으로 규정되어 있다. 따라서 'mentalité'는 정신과 깊은 관련을 가지고 있다고 보면 된다. 이런 추정은 뒤르켐이 '집합심성'을 여러 곳에서 '집합의식collective consciousness'이라고도 대체해 표현하는 것을 보면 충분히 확증된다.

그럼 '사회의 심성'이란 무엇인가?

사람들은 주위의 세상을 바라볼 때, 원래 각자가 매우 다른 방식으로 바라보게 되어 있다. 즉, 원래부터 각자 다른 심성mentality, 다른 상징들을 가지고 세상을 바라보게끔 태어나고 생겨먹었다. 그런데 이렇게 각자가 각기 틀려먹게 생긴 사람들이 한데 어울려 함께 살아가고 한 가지 방식으로 그들 주위의 세상을 바라보게끔 하는 것이 있다는 것이다. 뒤르켐에 있어 그것이 바로 종교이고, 종교는 바로 모든 것을 하나 되게 하는 묶음이며, 모두가 하나의 방식으로 이해가 가능하게끔 하는 '다발' 자체라는 것이다. 그리고, 동시에 그 '다발' 자체는 하나의 거대한 독자적인 '마음'을 현시한다. 그 거대한 마음이 곧 '집합표상'이자 '사회의 심성'이다. 따라서, 한 사회 혹은 한 집단의 심성은 뒤르켐에 있어 곧 '종교'가 된다. 왜냐하면, 그것은 그 사회나 집단 속의 뿔뿔이 흩어질 수 있는 개인들을 한데 묶어줄 뿐만 아니라 그것 자체가 하나의 '다발', 즉 '묶음'이며, '종교'이기 때문이다.

일단 뒤르켐의 이야기를 얼추 이해했다고 치자. 그러면, 사람들을 하나로 묶어주는 것은 어떤 것들이 있을까? 명백히 그리고 상식적으로 종교라고 생각하는 것 말고 말이다. 이를테면, '유교'와 같은 것 말고, 뒤르켐을 알기 전에는 전혀 종교라고 생각하지 않았던 것 중에서…….

사람들을 하나로 묶는 것은 시대마다 상황마다 다르다. 아마도 우리네의 전통사회에서는 문중, 가문, 명예 등이 그 역할을 감당했었을 것이고 얼마 전까지는 '반공反共'이 혹은 하위집단에서는 '마르크시즘Marxism' 등이 그랬을 수도 있다. 그러면 우리네든 저 바깥세상이든 요즘의 현대사회에서는 사람들을 하나로 묶어주는 것이 어떤 것이 있을까? 좀 크게 생각해볼까? 아마도 '인간', '인권', '평등', '자유' 등이 그 예가 될 것이다. 너무 추상적이라고? 당신의 말이 옳다. 그런 감이 없지는 않다. 보다 구체적으로 예를 제시해달라고?

그러면 다음의 예는 어떨까? 월드컵이나 축구 말이다. 2002년

 월드컵을 보고서 알 수 있듯이, 축구는 한 나라의 국민을 하나로 묶었으며, 월드컵은 극히 몇 개의 예외의 나라(대표적으로 미국, 이 나라는 야구나 미식축구가 '그냥' 축구를 대체한다)를 제외하고는

세계를 하나의 마을로 만들어버렸다. 수박만 한 공 한 개와 팔뚝만 한 잔(컵) 하나가 거의 모든 사람들을 하나로 묶었고, 그 공과 잔 하나에 시선을 고정하게 했다. 이만한 종교가 이 세상에 어디 있을까?

영상이 출력되는 플라스틱 상자 앞의 사람들은 경건히 예배를 드리러 온 신도들이고, 거리와 경기장의 빨간 티셔츠들은 혈기 왕성한 성가대원들이고, 운동선수들과 심판들은 근엄한 성직자들이고, 파란 잔디구장은 신성한 제단이며, 월드컵 잔은 성찬식에 쓰일 거룩한 성배聖杯이다. 그곳에서의 성직자들의 일거수일투족에 신도들과 성가대원들은 웃고 울부짖는 카타르시스를 맛보는 성화된 신도가 된다. 이만한 부흥회 집회가 또 있을 수 있을까? 온 나라의 언론들도 4년에 한 번씩 전 지구적 범위의 거룩한 성회가 열릴 때마다 이구동성으로 나발을 불어댄다. 실제로 경기가 열리기 전 우리나라도 그러했다.

"거룩한 부흥회가 곧 열립니다."

"다 함께 은혜받읍시다."

"성도들이여!" 하고 말이다.

종교는 무엇으로 사는가? 제사와 믿음

그렇다면, 종교는 도대체 무엇으로 구성되는가? 이에 대해 뒤르켐이 어떻게 답하는지는 위의 월드컵의 예를 자세히 들여다보면 알 수 있게 된다. 단도직입單刀直入으로 답하자면, 뒤르켐이 보기에 그것은 '제사(의례, ritual)'와 '믿음(신앙 혹은 신념, faith)'으로 구성되어 있다. 이것은 그가 무신론자라는 점을 감안한다면 매우 일리 있는 답이라고 할 수 있다. 앞서 언급한 바 있듯이, 뒤르켐은 인간과 자연을 넘어서는 어떤 '초자연적인 존재 supernatural being'를 그의 종교현상에서 제외시킨 바 있다. 초자연적 존재를 제외하고서 종교현상을 구성하는 인자를 찾아보니 제사와 믿음 외에는 더 이상 찾을 아무것도 없었던 것이다. 그의 대표적인 저술 중 하나인 『종교생활의 원초적 형태 The Elementary Forms of the Religious Life』 (1912)는 제사와 믿음을 통해 어떻게 종교라는 사회현상이 생겨나는지에 대해 자세히 논의하고 있다.

위에서 강조한 바 있듯이, 뒤르켐에게 있어 제사와 믿음은 초자연적이고 절대적인 어떤 존재를 완전히 배제한 순전히 인간적인 그리고 인간의 집단적인 구성 요소들이다. 다시 말해서 그것들은 순수하게 사회성을 띠고 있고 사회성에 골 박아 있다. 즉, 뒤르켐에 있어 종교란 인간적인 것과 사회적인 것을 배제하면 절대적으로 종교가 될 수 없다. 따라서 인간적인 것과 사회적인 것을 배제한 어떤 종교도, 아무리 그것들이 신비한 '그 무엇'으로 베일에 싸여 있다고 할지라도 절대로 종교가 될 수 없었던 것이다.

이런 맥락에서 보면, 왜 뒤르켐이 종교의 기본적인 형태를 '토템'에서부터 시작했는지를 충분히 이해할 수 있게 된다. 뒤르켐은 '자연숭배 naturalism'나 '정령신앙 animism', 그리고 단순한 주술 등에는 인간적인 요소와 사회적인 요소가 결여된 것으로 보고 종교의 원초적 형태로 간주하지 않았다. 이러한 것들을 넘어 특

정의 동식물을 자신들이 속한 집단의 상징으로 믿어 그것을 신성시하는 토테미즘에 이르러서야 비로소 종교의 형태를 띠는 것으로 간주하였다. 동식물들 중 하나를 자신들의 집단과 깊은 관련이 있는 것으로 여기는 그 믿음과 그것을 실제로 상징화하여 신성시하는 행위(제사)가 독특한 종교현상을 창출해내는 것이다. 그리고 특정의 토템을 통해 그 집단의 성원들은 모두 통합되어 하나가 된다. 예를 들면, 어떤 집단에서 자신들의 집단의 기원이 너도밤나무와 매우 깊은 관계가 있어 그것을 자신들의 집단의 상징으로 삼고, 그 상징을 통해 자신들의 집단을 대표한다고 가정해보자. 그들은 너도밤나무로 인해 행복해하고, 너도밤나무로 인해 하나가 된다. 만약 어떤 외지인이 그 마을에 불쑥 들어와 그의 정체를 몰라 그를 어떻게 대해야 될지 모른다고 할 때 만일 그 외지인이 너도밤나무의 상징을 가지고 있는 것을 보면 그들은 쉽사리 하나가 될 수 있을 것이다. 또한 그 집단의 사람들이 어떤 일로 인해 서로 서먹서먹해져 있을 때, 모두 함께 너도밤나무의 상징을 들고 너도밤나무 앞에서 흥겹게 춤을 추는 의식을 행하게 되면, 그날 그들의 잠자리는 하나 됨으로 인해서 한껏 포근해질 수 있을 것이다. 즉, 그러한 의식을 통해 집단의 응집력은 다시 회복되는 것이다. 너도밤나무에 대한 집단성원들의 믿음과 그것을 실제로 떠받드는 이러저러한 방식의 제사(의례)를 통해 너도밤나무를 토템으로 하는 그 집단은 하나의 '다발'이 된다. 그런 의미에서 이 너도밤나무 토템은 그 집단을 하나로 묶어내는 훌륭한 종교가 될 수 있고, 그것 자체가 하나의 '집합표상'이 될 수 있는 것이다.

'집합표상'의 조건 희생

어떤 종교에서든, 희생제물(헌물)이 반드시 필요하다. 어떤 것을 숭배하는 제단에는 반드시 숭배 대상을 숭배한다는 것을 드러내기 위한 무엇인가를 올려놓아야 하는 것이다. 희생제물을 제단에 바치는 숭배자는 희생제물을 바침으로써 자신이 기꺼이 그의 숭배자에게 희생할 각오가 되어 있음을 보이는 것이다. 따라서 희생이 없는 종교는 불가능하다. 믿음과 제사 또한 '희생'을 드러내는 것이다. 즉, 믿음과 제사는 희생의 드러냄이다. 그래야만 그 '종교'는 탄탄한 것이 된다.

그럼, 어떤 면에서 희생이라는 것인가? 자, 위의 너도밤나무 토테미즘의 예를 보자. 여기에 너도밤나무라는 토템을 희한하게 자기 집단과 연결지어 그것을 자신의 집단의 상징으로 간주하는 집합표상, 즉 종교가 있다고 치자. 그 집단의 성원들이 그러한 집단의 심성을 모두 각자가 태어날 때부터 매우 자연스럽게 그리고 당연하게 받아들이고 있다고 생각한다면 그것은 크나큰 오산이다. 그렇게 된 것은 각자가 치르는 커다란 희생이 있었기 때문이다. 다시 말해, 어떤 이들은 각자 다른 것들을 자신들이 속한 집단과 연결 짓기를 원했을 수도 있다. 아니면, 아예 그런 신념이나 행위를 매우 우스꽝스러운 것으로 치부하는 이들도 있을 수 있다. 하지만, 그러한 각자의 사정이나 견해를 뒤로 물린 채로 집단이 정한 너도밤나무에 시선을 고정시키고 그것을 자신들의 집단의 정체성과 긴밀히 연결시키기로 작정한 것은 대단한 희생이라고 보지 않을 수 없는 것이다. 특히, 그 너도밤나무를 토템으로 정한 당사자들이야 그들이 정한 것이니까 그렇다손 쳐도, 당사자들이 아니거나 태어나면서 아예 자신들에게 그것이 그냥 부여된 후손들의 경우에는 그 희생이란 이루 말할 수 없는 것이 된다.

　온 나라가 월드컵광풍에 휘말려 있을 때, 축구에는 전혀 관심이 없는 어떤 이가 있다고 상상해보자. 그는 축구와 관련된 프로를 TV에서 보고 싶지 않지만 모든 프로그램은 월드컵으로 도배되어 있다. 월드컵과 축구가 토템이 되어버린 나라에서 그의 채널 선택을 통한 행복추구권은 희생되고 만다. 또한 축구나 월드컵을 너무나 좋아하는 토테미즘의 신도가 있다고 치자. 앞서 사회의 독자적 사실성을 설명하면서 예를 들은 적 있듯이, 만일 그가 교통사고의 피해자가 된 안타까운 처지일지라도 토테미즘의

강력한 압력에 밀려서 시시비비를 가리지 못하고 손해를 감수해야 한다. 이것이 희생이 아니고 무엇이란 말인가? 뒤르켐은 이런 희생이 바탕이 되지 않고서는 종교는 성립될 수 없다고 주장했다.

이와 관련하여, 뒤르켐은 우리가 종교를 정의할 때 반드시, 사람들이 그들이 속한 사회의 집합적 심성(집합표상)에(혹은 그것을 위해) 기꺼이 희생할 수 있는가의 여부를 기준으로 종교를 규정해야 한다고 설파하고 있다. 다시 한 번 말하지만, 이때의 뒤르켐이 말하는 '집합심성'이란 하나님이나 기타 신, 혹은 정령이나 악마와 관련된 것이 전혀 아니다. 그것은 사회에 관한 집단의 마음이고, 사회에 관한 집합적 표상이며, 그것 자체가 사회적 사실이고 사회이다. 이런 점에 비추어볼 때, 만일 어떤 사회에 구성원들이 기꺼이 희생할 수 있는 어떤 집합적 심성(집합표상)이 없을 경우 그 사회는 통합에 있어서 근본적인 결함을 안고 있는 것으로 해석할 수 있다.

'집합표상' 달리 보기 집단흥분과 집단적 정신착란

뒤르켐은 한 사회나 집단의 통합의 조건에 지대한 관심을 보이면서 '집합표상' 성격 규명에 도달한다. 여기서 그의 독특한 시각이 다시 한 번 적나라하게 드러난다. 그는 모든 종교현상이 집단 전체의 흥분 그 이상도 그 이하도 아니라고 규정하고 있다. 그리고 집단적인 흥분은 다른 입장(혹은 집단)에서 보면 광분狂奔

에 지나지 않는다. 다른 곳에서 광분으로 보이는 집단적 흥분이 해당 집단에서는 그렇게 보이지 않는 이유는 그들이 집단적인 정신착란에 빠져 있기 때문이라고 주장하고 있다. 말하자면 이 것이다. 한 사람이 미친 것은 눈에 확연히 띈다. 그러나 여러 사람이 한데 같이 미친 것은 당사자들끼리는 알 수 없다. 그들끼리는 서로가 지극히 정상적인 것으로 보이기 때문이다. 그들이 미쳤다는 것은 반드시 그 집단 밖의 사람들만이 인식할 수 있는 것이다.

그러면, 한 사회의 집합표상과 관련하여 어떤 의미에서 뒤르켐은 집합흥분과 집단적 정신착란을 거론한 것일까? 집합흥분 상태에서는 대부분의 사람들이 일정한 방식으로 사물을 보고 느낀다. 그들의 시선은 한곳에 집중되어 있고, 그것을 동일하게 이해한다. 예를 들어, 어떤 집단에서는 집합적인 흥분상태에서 먹을거리로 애플파이를 바라보고, 어떤 집단에서는 자위 행위를 돕는 도구로 그것을 바라볼 것이다. 어떤 집단에서는 "그것을 어떻게 먹는가?"하는 의문을 제기할 것이고, 어떤 집단에서는 그것에 대고 자신의 끓어오르는 욕정을 풀어대는 사람들이 있다는 얘기를 듣고 경악할지도 모른다. 그런데, 여기서 조심할 것은 한 사람이 그렇게 하는 것이 아니라 대부분의 사람들이 동일한 생각으로 그 애플파이를 지향하고 있다는 것이다. 바르 그 점에서 뒤르켐은 집단적 정신착란을 언급한 것이다.

단적인 예를 하나 더 들어볼까? 돈, 즉 화폐 말이다. 종이 쪼가리에 불과한 이것을 더 많이 얻기 위해 사람들은 평생 몸을 바치고 심지어는 목숨까지 걸기도 한다. 그 시퍼런 종이 쪼가리에 그런 신비스런 힘이 들어 있는 것은 왜인가? 그 종이 쪼가리 자체가 정말로 묘한 영험을 지니고 있어서일까? 그것은 분명코 아니다. 그것은 그 종이 쪼가리에 기꺼이 희생할 각오가 되어 있는 사람들이 있고, 그것에 대한 흔들림 없는 믿음을 저버리지 않는 사람들이 있기 때문이다.

누가? 그렇게 하는 사람들이.

얼마나? 모두가.

이것은 미치지 않고서는 가능한 일이 아니다. 그것도 집단적으로 미치지 않고서는 말이다. 필자는 이런 의미에서 '집단광기集團狂氣'라는 말을 강의시간에 개인적으로 사용한다.

포커스를 종교에서 사회로 우리는 모두 같이 미쳐 있다

앞에서 우리는 뒤르켐의 종교현상에 대한 이해를 비교적 상세히 다뤘다. 더불어 사회에 대한 얘기도 간간히 약방의 감초처럼 집어넣기도 하였다. 왜냐하면 뒤르켐에 있어서 종교가 사회였기 때문이다. 그러나 지금까지의 논의는 어디까지나 종교에 가중치를 두고 사회에 대해서는 곁가지 정도로 언급했을 뿐이다. 이제부터는 뒤르켐이 본 사회에 대해서 본격적으로 다루어보기로 하자.

뒤르켐은 종교현상을 일종의 집단적 광풍狂風으로 보았다. 그리고 그 광풍을 구성하는 것은 믿음과 제사였다. 특정 종교를 믿는 종교인들에게 이 두 가지는 확연히 구분된다. 왜냐하면, 대부분의 종교인들은 믿음과 제사 중에 어느 한쪽을 강조하는 사람들을 발견하게 되면 다른 한쪽을 보강하라는 쪽으로 권면을 하기 때문이다. "아무리 잘 믿으면 뭐하냐? 예배를 잘 드려야지." 혹은 "예배 의식에만 참여하면 뭐하냐? 믿음이 있어야지." 말하자면 이런 식이다. 하지만, 뒤르켐이 보기에 이 두 개는 떼려야 뗄 수 없는 것이었다. '믿으니까 제사 지내고, 제사 지내면서 그 믿음은 고양된다.' 그리고 이 명제는 그 역도 성립한다. 사랑하니까 입맞춤하게 되고, 입맞춤하니까 사랑이 더 우러나온다. 대초에 사랑이 없는 입맞춤을 했지만 그로 인해 사랑이 싹틀 수도 있다. 사랑이란 믿음(감정적인 차원에서 동일하다고 놓을 수 있는)과 입맞춤이란 행위는 별개가 될 수 없다. 그가 볼 때, 사회도 마찬가지였다. 이것은 논리적으로 합당하다. 뒤르켐은 종교가 믿음과 제사로 이루어져 있고, 종교는 사회라고 하였다. 그러면 당연히 사회는 믿음과 제사로 이루어져 있는 것이어야 한다.

이 이야기를 하기 전에 종교의 집단적 정신착란으로 잠시 들어가보자. 종교의 밑바탕에는 반드시 집단적인 흥분과 정신착란이 있어야만 종교현상이 성립된다는 말은 다음과 같이 이해하면 쉽다. 어떠한 종교현상도 사람들이 믿지 않고 제사 지내지 않으면 존립할 수 없다는 것이다. 즉, 어떤 이들이, 그것도 많은 수의 사람들이 그런 믿음과 제사를 철폐하고 더 이상 믿지 않거나 제사 지내지 않으면 그 종교현상은 나타날 수 없다는 것이다. 집단적 정신착란에서 이탈하는 이들이 우후죽순으로 나오게 되면 그 종교는 화석이 되어버릴 운명에 처하게 된다. 앞서 예를 든 너도밤나무 토템을 사람들이 더 이상 자기 집단과 연결시켜 믿지 않는다면 그 토테미즘은 사라지게 되고 다른 토템이 그 자리를 대체하지 않는 이상 그 집단의 토테미즘은 사라지게 되고 종교현상도 스러지게 되며 더 나아가 그 집단은 통합력을 잃게 된다. 즉 그 너도밤나무와 관련된 집단의 집합표상은 아무 의미가 없어지게 되는 것이다.

사회를 지탱하는 믿음과 제사란 무엇인가?

이제야 비로소 우리는 뒤르켐이 종교의 분석을 빌려서 다다르고 싶어 했던 목적지에 이르게 된 것 같다. 그것은 다름 아닌 사회의 본질과 그것을 구성하는 요소, 그리고 사회의 성격 규명이다.

그가 본 사회는 분명히 하나의 독립적인 실재를 지닌 사회현상이고 사회적 사실이었다. 그것은 종교와도 같은 것이었다. 왜냐하면 그가 본 종교가 사회적인 것이었고, 그것 자체가 사회였기 때문이다. 종교나 사회나 공히 개인들을 묶어놓은 하나의 '다발'이었고, 사람들이 기꺼이 희생을 감내할 준비가 되어 있고 실제로 감내하는 그런 것이었다. 그 속의 사람들은 희생하는 대신 종교나 사회로부터 그들이 살아가는 데 있어 매우 중요한 것들을 얻는다. 그것은 다름 아닌 노모스(nomos, 삶의 유의미한 질서)였다. 그 속에서 사람들은 안도할 수 있고 위로받으며 카타르시스를 맛볼 수 있다. 그들은 왜 사는지에 대한 답을 종교나 사회로부터 부여받는다. 그것은 그들에겐 힘이 되며 그들이 힘들어 할 때 비빌 언덕이 된다.

그러나 종교나 사회의 그러한 힘은 그것 자체에서 원래 유래한 것은 아니었다. 뒤르켐은 종교나 사회가 각각 하나의 'sui generis' 즉, 독특적인 실체로서 존재하지만, 그것들을 존재하게끔 하는 것이 있다는 사실을 강조했다. 앞에서도 언급했듯 뒤르켐은 종교의 경우 집단적 조신착란의 상태에서 인간들이 믿는 신념과 제사가 종교의 신비한 힘을 발현시키고 있다고 주장했다. 뒤르켐에 의하면, 사회도 종교와 마찬가지로 사회의 그 신비한 힘은 반드시 인간들의 믿음과 제사에서 비롯되는 것이다. 그러면 여기서의 믿음과 제사란 무엇인가?

우리는 흔히 믿음과 제사를 신앙과 관련된 종교의 영역(뒤르켐식의 종교가 아닌 일반인의 상식 속에서 인식되는 종교의 영역)에만 국한되는 것으로 여기는 신중치 못한 버릇이 있다. 그러나 뒤르켐은 그렇게 보지 않는다. 뒤르켐의 탁월성이 여기에 있다. 뒤르켐이 볼 때, 사회조차 믿음 없이는 유지될 수 없는 것이다. 사회에서의 믿음이란 사회성원들이 지니고 있는 암묵적인 신념을 가리킨다. 그리고 제사(의례, ritual)란 사회의 영역에서는 다름 아닌 '행위^{action}'로 쉽사리 번역될 수 있다. 뒤르켐이 보기에 사회는 이러한 두 개의 핵심적인 구성 요소로 성립되어 있는 것이다. 그것들이 없다면 사회도 없다.

사회가 믿음과 행위로 구성되어 있다는 예를 하나 들어볼까? 그것도 아주 구체적인 예를 하나 들어보기로 하자. 학교 강의가 그 예가 될 수 있다. 학교 강의는 그것 자체로 하나의 집합표상이고 사회현상이고 사회적 사실이다. 그러나 거기에는 반드시 믿음과 행위가 포함되어 있다. 어떤 믿음이냐고? 그 수업에 들어오는 학생들은 정해진 시간과 장소에 학생들도 들어와 있고, 선생님은 지난 시간에 들어온 그 교수가 들어올 것이고, 교재도 지난 시간에 사용한 교재가 사용될 것이고, 적어도 그 교수가 수업시간에 칼을 들고 강도짓은 하지 않고, 성폭행도 하지 않을 것이라는 믿음이 있다. 교수 역시 아무리 학생들을 야단을 쳐도 그들이 마구잡이로 불한당처럼 자신에게 달려들지 않을 것이라는 믿음을 가지고 강의실에 들어올 것이다. 그리고 그러한 믿음뿐만 아니라 실제로 정해진 요일과 시간에 나와서 책상에 앉고, 강의 내용을 공책을 꺼내 필기하고, 교수도 강의실에 나와 강단에 서서 분필을 들고 침을 튀기면서 실제로 강의를 진행하고 학생들의 질문에 답을 하는 실제적인 행위를 하면, 그 학교 강의란 사회적 사실은 발생하게 되는 것이다. 이처럼 강의도 믿음과 행위에 의해 이루어진다. 만일 학생이나 교수가 위에서 열거한 예와 같은 믿음을 가지고 있지 않거나 그에 따르는 행위를 하지 않을 경우 학교 강의는 존재할 수 없게 된다. 방학이나 휴강을 떠올려보면 이것은 쉽게 수긍하게 된다.

바로 이것을 뒤르켐이 이야기하고자 했던 것이다. 사회통합을 가능하게 하는 것, 사회현상을 가능하게 하는 것, 그리고 사회적 사실을 가능하게 하는 것 모두가 인간들의 믿음과 행위라는 것을 보여주고 싶어 했던 것이다. 무엇을 통해서? 바로 종교의 분석을 통해서 말이다. 그리고 그 믿음과 행위의 더 깊숙한 곳에는 집단을 이루어 생각하고 행동하려는 습성과 집단 속에서 안주하고자 하는 욕망이 꿈틀거리고 있다고 보았다. 그리고 그 집단적 꿈틀거림은 사람들로 하여금 각자의 개성을 희생할 것을 강요하고, 사람들은 부지불식간에 희생을 기꺼이 감내한다. 왜냐하면 그 순간 그들은 콧등이 찡할 정도의 카타르시스를 맛보기 때문이다. 뒤르켐은 그것이 미치지 않고서는 불가능한 것이라고 말했다. 그런데 특이한 것은 그 '미침(광란)'이 집단적으로 일어날 때, 그 속의 개인들은 자신들을 지극히 정상적인 사람들로 간주한다는 것이다. 실제로 그들은 정신병원에 있는 사람들과 같은 정신병자들이 아니다. 그들은 극히 정상적이다. 정상적으로 타인을 인지하고 자신을 그 타인들의 행동에 맞춘다. 그런데 아이러니는 그러한 정상적인 행위와 사고들의 '다발'과 그것의 종착점은 '함께 미침'이라는 것이다. 왜냐하면 주위의 다른 이들도 똑같이 다 자기처럼 행동하는 것을 보면 자신의 행동이 혹여 이상하게 보일 수도 있을 것이라는 점에 대한 의구심을 갖는 기회를 상실하게 되고, 그것은 바로 자신의 행동이 다른 사람들도 그렇게 행동하기 때문에 지극히 정상적일 것이라고 하는 일종의 착시현상 또는 최면 상태에 빠지게 된다.

신神이 되어버린 사회 하나님이 없다면 무슨 일은 못 할 것인가?

자신들의 행동을 극히 정상적인 것으로 간주하는 상황에서 짜릿한 희열을 맛보게 되는 사람들이 있는 한, 그리고 그런 이들로 만들어진 사회는 이제는 한두 개인들이 거역할 수 없는 신성성神聖性 혹은 거룩성을 지니게 된다. 그곳에는, 종교학자 루돌프 오토Rudolf Otto, 1869~1937가 그의 책 『거룩The Holy』(1917)에서 제시한 바 있는, 신성의 속성으로 규정한 '누미노제$^{\text{numinous, das Numinose}}$'가 있다. 이 단어도 역시 라틴어 'nūmen'에서 유래했는데, '누멘'은 원래 '머리를 끄덕거림, 고갯짓, 명령, 의지$^{\text{a nodding with the head, a nod, command, will}}$'를 의미한다. 그런데 이러한 행동을 보여 절대 권력을 행사할 수 있는 이는 속세적으로는 제왕일 것이고, 그것을 초월하면 신일 것이므로, '누멘'은 '신의 의지나 권력, 지존의 권력, 신성$^{\text{the divine will, the will or power of the gods, divine sway, divinity, deity}}$'이라는 뜻도 동시에 가지고 있다. 그래서 통상적으로 '누멘'이란 용어는 '제일의 성스런 현존'을 가리킬 때 쓰인다.

오토에 따르면, 누미노제는 평범한 인간의 상식과 이성(합리성)을 넘어서는 신성의 측면을 의미한다. 그리고 누미노제를 인지하는 순간 인간들은 인지하는 대상을 '어마어마한 신비$^{\text{mystĕrĭum tremendum}}$'로 경험하게 된다. 그러한 신성의 신비는 보다 분석적으로 도해해보면, 인간들에겐 두 가지 의미로 전달된다. 그것에 압도당하여 두려움에 사지를 떨게 되는 장엄$^{\text{mystĕrĭum tremendum}}$이 그 하나이고, 다른 하나는 독특하게 마음을 사로잡히게 되는 경험$^{\text{mystĕrĭum fascinans}}$이다.

이것은 도대체 무엇을 말하는 것인가?

여러분은 옆방에 호랑이가 있다는 말을 들을 때와 옆방에 귀신이 있다는 것을 들었을 때, 어느 쪽이 간담이 서늘하면서 등골이 오싹함을 느끼겠는가? 만일 필자와 마찬가지로 후자 쪽을 택한다면 누멘과 누미노제의 뜻을 파악한 것이나 진배없다. 누멘은 바로 그런 으스스한 기분을 자아낼 수 있는 존재를 의미하며, 누미노제란 그런 존재로부터 두려움을 느껴 마음 한편으로는 저 멀리 도망가고 있지만, 다른 한편으로는 자신도 모르게 엉뚱하게도 그런 존재 쪽으로 빨려 들게 만드는 누멘의 속성을 의미한다.

사회도 바로 이런 신성을 가지고 있다는 것이다. 왜 그렇게 볼 수 있는가? 한편으로는 벗어나고 싶지만, 또 다른 한편으론 너무나 매혹적이어서 빠질 수밖에 없는 그런 것이 사회라고 여러분도 생각하고 있지 않은가? '나'라는 개인을 압도하고 마침내 완전히 산산조각 내기에 충분해 보이는 사회에 대한 자신의 태도와 느낌을 눈감고 가만히 헤아려보라. 당신은 그것이 두려우면서도 그것에 푹 빠져 있음을 느낄 수 있을 것이다. 바로 그런 점이 사회의 신성성을 입증해주는 것이다.

그리고 그러한 사회의 신성성은 뒤르켐의 사회의 성격 규정에서 이미 예견된 바 있다. 이것이 무슨 이야기냐고? 뒤르켐은 사회를 'sui generis'라고 성격 지웠다고 얘기했다. 그런데 곰곰이 생각해보라. 완전히 그리고 철저히 독립된 존재(분류에 있어서 최상의 범주에 속하면서 동시에 자신 외에 어떠한 유래를 찾을 수 없는)는, 그런 존재를 믿든 안 믿든, '하나님神'밖에는 없다. 우리는 그런 존재밖에 상상할 수 없다.

그런데, 불경스럽게도 뒤르켐은, 자신 외에서 그것의 유래를 찾을 수밖에 없는 존재인 사회를 신神의 반열에 올려놓았다. 그렇게 한 이유는 무엇일까?

거기에는 중요한 이유가 있다.

러시아의 대문호 도스토예프스키Fyodor Mikhailovich Dostoevskii, 1821~1881가 그의 소설 『카라마조프가의 형제들Brat'ya Karamazovy』(1879~1880)

에서 소설 속 주인공 중 하나인 이반의 입을 빌려 제기한 질문과 본질적으로 같은 질문을 뒤르켐 자신도 제기하고 그 문제에 대한 해답을 제시하려 그는 무던히도 애를 썼다. 바로 그러한 문제에 대한 뒤르켐의 고민과 해답에서 우리는 그 이유를 찾을 수 있다. "하나님이 없다면 무슨 일인들 못 할 것인가?"라는 이반의 질문은 급변하는 역사와 사회적 정황 속에 노정된 인간들의 절실한 질문을 대변하는 것이었다. 그토록 일상의 일거수일투족에 지대한 영향력을 행사해왔다고 여겨지는 종교의 쇠퇴가 일반인들에게 미치는 여파는 상상 이상이었다. 오죽하면, 대문호조차 주인공의 입을 빌려 저런 도도한 진술까지 하기에 이르게 되었을까! 실로 종교(뒤르켐식의 종교가 아닌 전통적인 종교의 개념)가 쇠퇴하고, 이와 동시에 하나님의 서거逝去까지 선포되기에 이르렀을 때, 인간들이 얻은 것은 방종에 가까운 엄청난 자유였다. 그러나 자유를 얻었다는 것은 곧 사람들의 '다발'이 풀어헤쳐졌다는 것을 의미했다. 뒤르켐은 "하나님이 사라져버린 세계에서 어떻게, 무엇으로 인간들을 통합할 것인가?"에 대해 고민하기 시작했다.

그에 대한 뒤르켐의 해결책은 종교를 다시 재정의하는 것이었다. 그는 종교를 재정의하면서 애초부터 하나님을 배제했다. 하나님이 배제된 종교도 나름대로 잘 굴러가는 것으로 보였다. 그 종교에는 하나님이 배제된 대신 순전히 인간적이고 사회적인 것만이 눈에 보이는 것이었다. 그리고 그런 종교는 그것 자체로 사회였다. 다시 말해, 그 종교는 인간들의 통합 그 자체였던 것이다.

이런 점에서 종교와 사회의 우선순위를 바꾸면 뒤르켐의 해법이 슬그머니 머리를 내밀게 된다. 사회는 종교가 될 수 있다는 것이다. 비록 하나님은 없는 종교이지만 사회는 그것 자체의 힘만으로 인간들을 통합시키는 것이 가능하다는 것이다. 만일 그것이 성공하게 되면, 사회는 마침내 신의 반열에 들어서게 되는 것이다. 아니, 뒤르켐이 노린 것은 그것이 아직 성공하지 못했다고 하더라도, 뒤르켐 자신이 사회를 그렇게 취급함으로써 성공을 이끌어내는 것이었다. 그것만이 하나님의 서거를 기정사실화하는 사람들이 빠질 수 있는 방종과 무의미성의 늪에서 그들을 구원할 수 있는 유일한 방책이라고 뒤르켐은 굳게 믿었던 것이다. 신성성神聖性을 지닌 사회의 복원, 그리고 그러한 사회의 측면을 부각시키고 일깨우는 것. 뒤르켐은 이것이 자신의 사명이라고 굳게 믿고 있었다.

뒤르켐이 본 현대사회

'일용이'를 아시나요?

앞서 우리는 뒤르켐은 오직 하나의 문제에 골몰했다고 밝힌 적이 있다. 그 문제는 "어떻게 사회질서는 가능한가?"였다. 그런데, 그가 사회질서의 문제에 천착했던 것은 역설적으로 그가 사회질서의 부재에 가까운 상황에 처해 있었기 때문에 질서의 문제에 봉착했었다는 것을 의미한다. 그가 처한 혼돈의 상황에 대해서는 이미 이 책의 초반부에 피력한 바 있다.

또 한 가지, 뒤르켐이 신이 배제된 형국에서조차 일말의 종교의 가능성을 간파하고, 그것을 뚝심 있게 밀어붙여 결국 신 없는 종교를 확인시켜주고, 더 나아가 종교가 사회이고 동시에 사회가 종교인 것을 보여줌으로써, 사회 자체를 종교와 신의 반열에 등극시킨 것은, 역설적이게도 불안한 사회, 위기에 처한 사회를 목도한 그에게 더더욱 옹골찬 사회에 대한 재인식이 절실했기 때문이다. 즉, 그가 처해 있는 사회, 그가 목도한 사회는 통합에 있어서 상당한 문제가 있는 사회였다.

뒤르켐에 있어서 사회질서는 그 사회가 지니는 통합의 등가물이다. 구성원들 간에 통합이 존재하는 곳에서는 사회질서가 드러난다. 그런데 뒤르켐에 있어 한 사회의 통합은 구성원들의 결속력, 혹은 응집력으로 측정될 수 있다. 다시 말해서, "구성원들 간에 어느 정도의 결속력이 있는가?"가 한 사회의 통합을 가늠하는 눈금이 되는 것이다. 성원들 간의 강한 응집력을 보이는 곳은 일사불란한 통합을 보임으로써 그 집단 외부나 내부에 확연히 사회질서를 드러낼 수 있다.

그런데, 뒤르켐은 크게 보아 두 가지 수준(유형)으로 결속력을 구분하였다. 그리고 그 구분은 동시에 그가 속했던 현대사회와 그 이전의 사회(전통사회)를 구분 짓는 중요한 잣대가 되었다. 그 중의 하나가 바로, '기계적 연대mechanical solidarity'이다. 조심해야 할 것은, 이 용어에 낯선 독자라면, '기계'라는 말 때문에 매우 딱딱한 그리고 인간적이지 않은 인상을 떠올릴지도 모른다는 것이다. 말하자면 터미네이터나 로보캅처럼 온몸이 기계로 만들어진 비인간적인 인간을 떠올릴 수 있다는 것이다. 그러나 그것은 뒤르켐이 사용한 용어를 심각하게 곡해할 수 있으므로 조심해야 한다. 이때의 '기계적'이란 의미는 '자동적'이란 의미이다. 이것 저것 따질 것 없이 거의 자동적으로 맺어지는 결속이 바로 '기계적 연대'가 의미하는 것이다. 이런 유형의 결속이 특징인 사회를 뒤르켐은 전통사회라고 하였다.

드라마 〈전원일기〉의 한 장면

여러분은 아마도 지금은 막을 내린 〈전원일기〉란 모 방송국의 프로그램을 기억할 것이다. 거기에는 김회장, 그의 처, 용식, 용남, 금동이, 복길이, 일용이, 일용엄니, 응삼이, 귀동이 등의 촌스럽지만 정감 가는 캐릭터들이 등장한다. 그 드라마에 등장하는 사람들이 보이는 순박한 삶, 이해타산을 엄밀하게 따지지 않고 두루뭉술하게 넘어가는 삶, 마을(성원)에 불상사가 생겼을 때 앞뒤 안 가리고 모두가 자신의 일인 양 거들고 참견하는 그 모습에서 우리는 뒤르켐이 말하는 '기계적 연대'를 떠올리면 된다. 그 마을 성원으로 태어나면 자신의 의사와는 상관없이 자동적으로 모든 권리와 의무가 부여된다. 그들 간에는 매우 끈끈한 정서적 교감이 교통하고 있으며, 대부분의 사람이 그들 스스로를 하나로 인식한다. 이런 종류의 연대가 있는 사회에서는 웬만한 잘못은 따끔한 훈계나 넉넉한 관용으로 아무 일도 없었던 것처럼 덮어지게 된다. 그러나 이런 연대가 팽배한 사회에서 절대로 용인되지 않는 것이 하나 있다. 만일 어떤 이가 공동체의 정서적 교감 자체를 거부하거나 실제로 거부하는 행위를 할 때, 그리하여 그러한 암묵적인 교감에 근거한 권위나 질서에 금이 가게 할 때, 그 사람은 조리돌려져 그 마을에서 쫓겨나게 된다.

'쿨'한 척하는 이들의 결속은?

누구나 식상해하는 신파조의 드라마들이 있다. 여주인공이 모든 것을 다 희생해서 건사한 남자가 성공 뒤에 그녀를 헌신짝 내동댕이치듯 버리고서는 돈 많은 집 여자에게 장가를 간다. 그러면 배신당한 여자는 울면서 남자에게 마음을 바꿔달라고 애원하고 남자는 자신을 진정 사랑한다면 보내달라고 말한다. 결국 그녀는 그 남자를 말없이 보내 주고 주위의 만류에도 불구하고 그 남자의 아이를 낳고 기른다. 그리고 몇 년 후……

사람들은 이런 종류의 식상한 이야기를 이 채널 저 채널 옮겨 다니면서 설거지도 뒤로 미룬 채 얼이 빠져 "저런 나쁜 녀석이 있나. 어이구 저런 멍청이. 왜 저렇게 하냐. 확 붙어버리지!"라며 감정 몰입하고 여주인공을 불쌍해하며 눈물 콧물 다 짜내면서 시간을 허비한다.

그러나 요즈음 젊은이들을 사로잡는 드라마나 영화는 조금 다를 것이다(이런 추정으로 수사하는 것은 사실 나는 요즘 드라마나 영화를 가까이하지 않기 때문이다). 이름 하여 '쿨가이cool guy'들의, 그들을 위한, 그들에 의한 픽션. 여기에 신파는 한낱 짜증일 뿐이다. 남자나 여자를 사이에 두고 더 이상의 울고불고는 없다. 서로에게 "나를 책임지라"곤 있을 수 없다. "서로 단지 즐겼을 뿐인데." 뭐, 그런 식이다. 〈전원일기〉에 만일 이런 이들이 등장한다면, 아마도 땡볕이 내리쬐는 한여름 양촌리(드라마의 배경) 마을 개울가에 자동차를 갖다 대고 캠핑을 하며 동네 쿨을 다 흐려 놓는 핫팬츠의 도회지 젊은이들 역이 그에 해당될 것이다.

만남 • 87

그런데, 이런 이들로 가득 찬 사회에도 물론 그들 간의 결속력, 즉 연대가 존재한다는 것에 유의해야 한다. 이런 연대를 뒤르켐은 '유기적 연대organic solidarity'라고 명명하였다. 얼핏 보면 저들 간에는 아무런 결속이 없는 것처럼 보일 것이다. 그러나 일단 사람들이 모여 있다는 것은, 그 모여 있는 사람들이 어떤 식으로 서로에게 지향하는지에 상관없이 어떤 형태로든 그들 간에 결속력이 있다는 것을 얘기해준다. 왜냐하면, 사람은 혼자 살 수 없으니까…….

이른바, '쿨가이'들로 이루어진 현대사회에는 〈전원일기〉가 보여주는 연대와 결속을 기대할 수 없다. 왜 그럴까? 우선 현대사회는 전통사회에 비해 규모 면에서 비교가 안 될 정도로 비대해졌기 때문이다. 말하자면 한곳에 모여 사는 사람들이 과거에 비해서 엄청나게 많아진 것이다. 특히, 도시는 그런 현상을 주도한다.

또한, 규모가 커져버린 곳의 사람들은 사실 〈전원일기〉에 나오는 사람들처럼 서로가 서로를 익히 잘 아는 사이가 되기 힘들 뿐만 아니라 그런 기대를 하는 것조차 매우 어리석은 일이 된다. 이런 사람들과의 관계를 우리는 흔히 '익명적'인 관계라고 한다. 즉, "이름도 몰라요, 성도 몰라"라는 대중가요의 한 대목으로 대변할 수 있는 그런 관계를 말한다. 물론, 이때의 '익명적이다'라는 수식을 문자 그대로 받아들이는 사람은 너무 순진한 사람이다. 왜냐하면, '나'와 '내' 통장의 계좌를 터주고 있는 '은행원'의 경우 비록 그(녀)의 가슴팍에 이름표가 붙어 있어 그(녀)의 이름을 우리가 볼 수 있겠지만, 그렇다고 해서 그(녀)와 '나'와의 관계를 익명적이 아니라고 할 수 없기 때문이다. 그(녀)와 '나'는 사무적인 일이나 대화밖에는 나눌 수 없는 것이 정상으로 여겨진다.

그리고, 현대사회 구성원 개개인은 대개가 비슷하기보다는 서로가 각기 다르다는 점을 인식하기 쉽다. 이런 것을 현학적으로 표현해서 '이질적이다'라고 한다. 이러한 '이질성 hetero-geneity'은 〈전원일기〉에서 보이는 '동질성 homogeneity'과 분명히 대비된다. 전통사회에서 사람들은 서로가 구분할 수 없을 정도로 비슷한 생각, 행동, 규범, 가치관, 생활방식 등을 가지고 있음을 느낀다. 주위를 아무리 둘러보아도 다른 점은 별로 없는 것 같다. 같은 말씨, 같은 생김새, 같은 먹거리 등으로 인해 그 사람이 그 사람인 것같이 보이게 된다. 이런 곳에서 조금이라도 다른 것들이 유입되면 눈에 확 띄게 된다. 그러나 현대사회에서는 주위를 둘러보노라면 그저 피곤할 뿐이다. 각기 다른 것이 너무 많기 때문이다. 사람들의 피부색, 말씨와 억양, 하는 행동과 먹거리 등, 모든 것의 짬뽕인 듯 보인다. 이런 상황에서는 오히려 비슷한 것들을 찾아보기가 매우 힘들다.

그중에서 가장 힘든 것은 자신과 비슷한 일을 하는 사람을 찾는 것이다. 심지어 한 직장에서도 사정은 매한가지이다. 이러한 것을 뒤르켐은 '**노동의 분업** division of labor'이라고 불렀다. 이른바 '**전문화** specialization'라는 과정과 함께 동반되는 이 분업은 노동현장에서는 '분업'이라는 말로 표현되고, 더 큰 사회의 맥락에서는 '**분화** differentiation'라는 말로 바꾸어 사용된다. 쉽게 설명하면, 그것은 사회 전체가 매우 잘게 조각조각 쪼개어진 것을 말한다.

이렇게 '익명적'이고 '이질적'이며 '분화'된 사람들로 가득 차 있는 사회에서의 결속력이란 〈전원일기〉와 같은 사회, 즉 전통의 모습이 사라지지 않은 사회에서 볼 수 있는 결속력과는 천양지차가 있다. 우선 현대사회는 과거시대에 비해 그 연대가 턱없이 약하다고 볼 수 있다. 전통사회에 비해 현대사회의 결속은 부서지기 쉽다는 것이다. 비유적으로 표현하면 과거의 혈연, 지연, 학연 등으로 결집되었던 연대는 거의 풀어지지 않는 시멘트처럼 단단한 것이었다. 그러나 현대사회는 위에서 언급한 갖가지 '연緣'들로 맺어진 관계들이 왜소해질 뿐만 아니라, 그런 '연'에 집착하거나 무임승차하려는 사람들을 부도덕한 것으로 간주한다. 한 번 관계를 맺으면 무덤에 들어갈 때까지 거의 반영구적으로 영원히 유지되는 것같이 보이는 단단한 결속력은 이제 구시대 유물이 되어가고 있는 것이다.

이전 시대, 즉 전통사회에서는 회초리 맞아가며 까막눈을 깨우친 아이들은 그들의 훈장 어른을 죽을 때까지 인생의 지표로 삼고 큰 스승으로 모시고 살게 된다. 그러나 요즘 아이들, 학교를 떠나면 기억은커녕 영영 "빠이빠이"다. 심지어는 한두 학기 전 자신이 들은 수강과목의 교수 이름을 대는 것조차 절절매는 것이 요즘 대학생들의 모습이다. 직장인들에게 회사란 평생 직장이기커녕 들어가면 더 많은 연봉을 주는 곳으로 혹은 자신의 능력을 인정해주는 곳이라고 생각되면 언제든지 떠날 수 있는 일종의 정거장이 되었다. 결속력에 있어서는 현대사회는 전통사회에 비해서 영 상대가 되질 못한다.

이렇게 현대사회의 결속이 약하디 약해진 것은 그것이 과거와는 다른 성질로 맺어진다는 데 그 이유가 있다. 우리는 앞서 과거의 결속은 혈연, 지연, 학연 등으로 한 사람의 자유의사와는 별개로 거의 자동적으로 이루어진다는 사실을 지적한 바 있다. 그런데 현대사회는 이와는 달리 그 결속이 주로 '계약'에 의거해 이루어진다. 물론 모든 결속이 다 '계약'에 의거해 이루어지는 것은 아니지만, '계약'의 결속을 맺는 데 차지하는 비중과 그 중요성은 과거에 비하면 매우 지대하다고 볼 수 있다. 현대 서구사회에 그렇게 많은 법률가와 그들이 관여하는 송사訟事들이 끊임없이 벌어지는 것을 보면 알 수 있다. 그들은 모두 법률에 의거한 계약들 때문에 먹고사는 사람들이라고 보면 된다.

그러나 현대사회의 결속이 무조건 부정적인 측면만 가지고 있다고 보면 안 된다. 일단 이런 결속을 보이는 사람들은 서로가 서로에 대해서 그렇게 많은 기대도, 참견도 하지 않기 때문에 서로의 자율성이 확보된다는 좋은 점을 가지고 있다. 말하자면, "자신의 일은 자신이 알아서 한다"는 태도는 나름대로 좋은 점도 가지고 있는 것이다. 또 다른 긍정적인 측면은 이런 느슨한 결속을 보이는 사람들은 조금 튀는 사람들, 자신들과 확연히 다른 사람들, 그리고 외지인(이방인) 등에 대해 관대하다는 것이다. 그런 이들을 쉽게 허용하고 받아들인다. 그리고 그들에게 영향을 미치고 자신들도 그들로부터 영향을 받는다.

더불어, 기계적 연대를 특징으로 하는 사회에서 사소한 것으로 여겨져서 쉽사리 용인되는 것들이 현대사회에서는 용인되지 않고 자질구레하게 따져서 짚고 넘어가게 된다. 반면 기계적 연대의 사회에서 용인되지 않는 것들이 대수롭지 않은 것으로 넘어갈 수 있게 된다. 예를 들어 〈전원일기〉 사회에서는 일용이가 김회장의 돈을 빌려 마을을 떠났다가 완전히 빈털터리로 돌아와 돈을 갚지 않는다고 할지라도 그를 민사소송의 법정으로 끌고 가지 않는다. 오히려 김회장은 십중팔구 일용이를 용서하고 얼마나 마음고생이 심했느냐고 다독여줄 것이 뻔하다. 그러나 만일 일용이가 김회장의 권위에 도전하거나 그를 업신여기는 듯한 행동을 보인다면 그는 마을에서 쫓겨날 것이다. 하지만 유기적 연대로 뭉친 현대사회에서는 후자의 행동은 오히려 용인되고, 전자의 일용이의 행동은 용서받을 수 없는 것이 된다.

뒤르켐의 기계적 연대와 유기적 연대와 관련하여 몇 가지 덧붙일 것이 있다.

그 하나는, 우리가 두 가지 연대를 각기 전통사회와 현대사회를 특징짓는 연대로 구분했지만 실제로 두 가지 연대가 양 사회에 정확히 딱딱 맞아떨어지게 적용되는 것은 아니라는 사실이다. 왜냐하면 전통사회라고 하더라도 특별한 경우 명백한 계약에 의해 연대가 형성되는 일도 물론 있기 때문이다. 이와 마찬가지로 현대사회라고 하더라도 모든 인간관계가 계약에 의해서만 성립되는 것은 아니다. 현대사회에서도 기계적 연대의 모습을 유지하는 인간관계와 집단은 반드시 있기 마련이다. 단지 두 가지 사회의 모습을 구분할 수 있는 가능성을 편리하게 두 가지 연대와 연결시켜 살펴보았을 뿐이다.

둘째는, 결속이 계약으로 맺어지는 사회나 집단이라 하더라도 그 밑바탕에는 반드시 정의^{情誼}적인 측면이 개입되어야 한다는 것이다. 이것을 앞에서 살펴본 뒤르켐의 종교의 분석과 연결시킨다면, 이런 사회에서조차 믿음이 선결조건이 된다. 이를 다음과 같이 이해하면 쉽다. A와 B가 계약을 맺었다고 치자. 그러나 그 계약만으로 일이 이루어지는 것은 아니다. 이 말은 계약이 전지전능한 신의 위치를 점유하지 않는다는 것이다. 일단 계약이 맺어질 때는 그 계약을 서로가 지킬 것이라는 서로의 '믿음'이 반드시 필수적으로 동반되어야 한다. 그렇지 않으면 그 계약 자체가 성립되지 못한다. 비록 이때의 믿음은 계약을 맺지 않고서도 서로가 일들을 성사시킬 수 있는 사회의 믿음과는 그 강도 면에서 매우 취약하다는 것을 인정하더라도 어쨌든 계약이 중요한 사회에서조차 믿음은 빛을 잃지 않는다는 것이다. 미국의 사회학자 콜린스Randall Collins, 1941~는 이를 부각시키면서 뒤르켐이 계약의 비계약적 요소를 강조했다고 주장하고 있다.

셋째, 뒤르켐의 경우 기계적 연대의 사회와 유기적 연대의 사회 중에서, 즉 전통사회와 현대사회 중에서 어느 것에 더 마음을 주었느냐 하는 것을 이해하는 것이 중요하다. 물론 그는 두 가지 사회를 분석적으로 구분하면서 양 사회가 지닌 장단점에 대해 모든 것을 파악하고 있었다. 그럼에도 불구하고, 굳이 두 사회 중 어느 편을 들겠느냐고 묻는다면 그는 후자의 편을 들었을 것이다. 왜냐하면 그는 과거의 사회로 돌아

:: 랜댈 콜린스

미국의 사회학자. 현 덴실베이니아 대학교 교수. 갈등의 문제를 거시적 관점은 물론 미시적 관점까지 포함해 접근한 학자로 알려져 있음. 대표적 저서로는 『갈등사회학 Conflict Sociology』(1975), 『4가지 사회학적 전통 Four Sociological Traditions』(1994), 『거시역사 Macrohistory』(1999), 『철학의 사회학 The Sociology of Philosophies』(1998) 등이 있음.

가기에는 이미 진도가 많이 나갔다는 것을 기정사실화했기 때문이다. 사회의 분화는 활에서 화살이 발사된 것과 같이 이미 돌이킬 수 없을 정도로 상당히 진행된 상태이다. 뒤르켐은 그런 형국에서 과거 식의 결속을 보이는 것은 몸이 훌쩍 커버린 성인에게 돌 때의 옷을 입히는 것과도 같이 이치에 맞지 않는다고 생각했다. 그러나 문제는 "커져버린 몸뚱이에 어떤 모양의 옷을 입히는가?"에 있었다. 그것이 바로 뒤르켐이 골몰했던 사회학적 과제였던 것이다.

넷째, 사람들은 분화가 극심하게 진행되는 곳에서 자신이 어디에 속하는지를 파악하는 것에 애로를 겪게 된다. 어디에 자기 뿌리를 내려야 할지에 대해 많은 고민을 하게 되고 자신 없어 하게 된다는 것이다. 이러한 상황은 확고하고 지속적인 소속 의식 없이 지내야만 하는 대부분의 사람들의 처지를 대변해준다. 이것은 아시다시피, '아노미'와 연결되어 있다. 이런 점에서 현대 사회는 모든 이들을 아노미에 빠지게 하는 마치 블랙홀과 같은 것으로 여겨진다. 이런 상황 속의 개인은 자신의 확고부동한 정체감을 지닐 수 없고 늘상 자기 자신에 대해 의문을 제기하게 될 공산이 크다.

즉, 그들은 항상 묻는다.
"나는 진정 누구인가?"

이제까지 우리는 무대 위의 뒤르켐의 워킹을 찬찬히 훑어보았다. 필자는 그에게 세 벌의 옷을 걸치고 무대 위를 활보하게 하였는데, 그 옷들은 각각 구분되어 있는 패션쇼의 1막, 2막, 3막에 맞추어져 디자인된 것들이었다. 이 패션쇼의 구성은 방법론과 종교, 그리고 끝으로 현대사회라는 주제로 짜였다. 1막에서 우리는 뒤르켐이 고안해냈던 사회학적 방법, 즉 "사회적 사실을 사물처럼 취급하다"는 그의 경구에 대해, 라틴어 'sui generis'라는 용어 해설을 기반으로 해서 자세히 살펴보았다. 아울러 뒤르켐이 제창한 방법론의 규칙에 의거한 사회학적 연구의 모범적인 예로 그의 〈자살론〉 연구에 대해서도 살펴보았다. 또한 그의 연구를 살피면서 우리는 뒤르켐이 만들어낸 또 다른 중요 개념인 '아노미'를 이해하는 기회를 갖기도 하였다. 다음으로 2막에서는 종교에 대한 뒤르켐의 독특한 시각을 접할 수 있었다. '초자연적 실재'를 철저히 배제한 뒤르켐의 종교의 재정의는 상식적인 종교의 정의 및 이해와는 뚜렷이 구분되는 것임을 이해하게 되었고, 아울러 그가 이렇게 종교를 재규정한 것은 바로 종교와 사회가 등치됨을 인식시키기 위한 그의 고도의 전략임을 눈치 챌 수 있었다. 패션쇼의 피날레에서도 뒤르켐이 걸친 우아한 옷맵시를 감상할 수 있었다. 그는 '분화'라고 하는 원피스에 '기계적 연대'와 확연히 구분되는 '유기적 연대'의 머플러를 걸치고 무대에 등장하였다. 이러한 모든 쇼를 통해 우리는 현대사회학의 중요한 획을 그은 뒤르켐의 면면을 숨 가쁘게 침을 흘리며 관찰할 수 있었다.

 이제부터는 뒤르켐에 필적할 만큼 중요한 인물인 베버에 대해서 알아볼 것이다. 우선은 뒤르켐에서와 마찬가지로 베버가 보는 사회학, 그가 제창한 방법론에 대해 살펴본다.

만남 5

사회학, 사회학 방법론, 그리고 베버

사회적 행위의 '동기'의 '이해'에 주력하라 사회과학과 자연과학의 차이

사회학은 도대체 무엇을 하는 학문인가? 이 질문에 대한 베버의 답은 비교적 간단명료하다. 사회학은 구체적으로 행동하는 인간들에 관한 학문이라는 것이다. 그런데 이때 조심할 것은 한 개인의 무의미한 행동, 예를 든다면 코를 후빈다거나 재채기를 하는 등의 무의식적이고 아무 의미 없는 행동에 관한 학문을 말하는 것이 아니라는 점이다. 베버에게 있어 사회학은 인간들이 하는 행동들 중에서 서로가 서로에게 '의미'를 부여하는 사회적 행동을 연구하는 것을 말한다. 예를 들어 한 남자가 젊은 여자에게 장미꽃을 하나 건넸다고 하자. 그러한 행위는 자신과 데이트를 하자거나, 그 여자에게 마음이 끌렸다는 점을 그 여자에게 보여주는 매우 훌륭한 사회적 행위라고 할 수 있다.

위의 예에서 우리는 한 가지 단어에 주의를 기울일 필요가 있다. 그것은 바로 '마음'이다. 이것에 우리가 주의를 기울여야 하는 이유는 무엇일까? 그 이유는 바로 그것이 지금 우리가 살펴보려 하는 사회과학과 자연과학의 차이를 분명히 해주는 것이기 때문이다.

막스 베버

아주 간단히 설명해보기로 하자. 바위나 흙, 나무나 꽃, 혹은 물고기나 새 등의 자연현상을 다루는 학문을 우리는 자연과학이라고 한다. 그리고 사람과 사람들의 관계에 대해 연구하는 학문을 우리는 사회과학이라고 부른다. 그렇다면, 그 둘을 가르는 가장 핵심적인 것은 무엇일까? 우리는 돌이나 바람 혹은 꽃 그리고 개미 등이 마음 혹은 정신을 가지고 있다고 얘기하지 않는다. 분명 정신과 마음을 가지고 있는 것은 인간밖에 없다. 따라서 베버는 인간에 대해서 다루는 사회과학은 반드시 인간만이 지닌 마음이나 정신에 초점을 맞추어야 한다고 생각했다. 이러한 사상을 기초로 하여 베버는 사회학과 사회학 방법론을 정립하고 정교하게 다듬었다.

사회적 행위의 '동기'는 인간이 바로 마음과 정신을 가지고 있기 때문에 가능한 것이다. 지난 2006년 3월, 미국에서 열린 '세계야구선수권대회(World Baseball Classic)'는 이를 잘 뒷받침해준다. 이 대회에서 한국은 준결승전에서 일본에게 석패함으로써 결승 진출이 좌절되어 4강에 머물게 되었지만 예선전과 본선에서 영원한 숙적 일본의 코를 두 번씩이나 납작하게 하는 쾌거를 이룩해 냈다. 특히 본선에서 일본에 이겼을 때, 어떤 선수는 투수가 올라서는 마운드에 태극기를 꽂는 모습을 보여주었고 모든 선수가 태극기를 들고 마치 결승전에서 이긴 것인 양 흥분된 모습으로 경기장을 돌았다. 이때 많은 한국 관중들은 환호하고 눈물을 글썽이며 감격했다.

그런데 마운드에 태극기를 꽂고, 마치 결승전에서 이긴 것과도 같이 선수와 관중이 환호하고 감격해하는, 이러한 행위는 어디서 온 것인가?

많은 야구 해설자는 아직은 실력 면에서 우리보다 앞섰다고 자타가 인정하는 일본을 한국이 물리칠 수 있었던 원인을 한국팀의 정신력에서 찾는다. 특히 일본의 한 선수가 예선전이 치러지기 전 행한 인터뷰에서 "한국 야구가 앞으로 30년간 일본을 넘볼 수 없게 만들어주겠다"라고 한 말 때문에 한국 선수들과 한국 국민들의 심사가 뒤틀려 있었다. 그것이 기화가 되어 일본은 반드시 이겨야 한다는 전의를 불태웠기 때문에 그런 결과가 나왔다는 것이다.

야구가 끝난 뒤에 벌어진 선수들과 관중들의 사회적 행위에도 그런 호사가들의 평가를 그대로 대입하면 얘기가 그럴듯해진다. 마운드에 꽂힌 태극기는 바로 일본의 그 선수에게 주는 대한민국의 답이었다는 얘기이다.

마운드에 태극기를 꽂았던 행위 말고도 "우리는 뭐라고 해도 일본은 반드시 이겨야 한다!"라고 대놓고 얘기하는 것(그런 사회적 행위)의 이면에도 무엇인가 있는 것이다. 아마도 역사적으로 일본의 치하에서의 혹독한 경험에 대한 울분과 한^{恨} 등이 그 이면에 도사린 무엇일 게다.

베버 식으로 말하면, 이러한 사회적 행위는 인간들의 사회에서만 볼 수 있는 것으로 매우 독특한 현상이다. 그리고 그러한 독특한 현상을 연구하는 것이 바로 사회학이다. 그럼 구체적으로 사회학은 인간의 사회적 행위의 무엇을 연구하는 것인가? 그에 대한 답은 바로 인간의 사회적 행위의 숨어 있는 '동기^{motivation}'와 그것을 둘러싼 '주관적 의미$^{subjective\ meaning}$'를 '이해^{Verstehen}'하는 것이다. 확실히 베버는 사회적 행위의 동기와 주관적 의미의 이해를 강조함으로써 인간만이 지니는 마음과 정신에 집중하였다. 그리고 이것이 바로 베버가 보기에 사회과학과 자연과학을 가르는 경계가 되었던 것이다.

베버, 사회과학 방법론의 새로운 패러다임을 제시하다

베버 당시에 사회과학이 표방해야 할 방법론을 둘러싸고 골치 아픈 논쟁이 일고 있었는데 그 논쟁의 한편에는 실증주의가 포진하고 있었다. 이 진영에서는 다음과 같은 주장을 했다. "인간과 사회현상도 자연현상과 결반 다를 바 없다. 자연현상에도 법칙성이 있고 사회현상도 매한가지이다. 그런 법칙성을 추구하는 데 사회과학과 자연과학 간의 구분이란 있을 수 없다." 따라서 이 진영에 속한 이들은 사회현상을 다루는 데 있어 어떤 이의 사회적 행위의 주관적 의미를 파악해내는 것에는 눈을 돌리지 않았다.

또 다른 한편에는 역사주의자들이 있었다. 그들은 "사회현상은 자연현상과는 달리 어떤 법칙성을 발견하기가 매우 힘들다. 왜냐하면 인간은 각기 다르게 생겼을 뿐만 아니라 특정한 행동에 부여하는 의미가 각기 다르기 때문이다. 그러므로 어떤 법칙성에 대한 일반화를 추구하는 자연과학과는 달리 사회과학은 그런 추구를 포기하고 완전히 다른 방법론을 채택해야 한다"라고 주장하였다.

이런 상황에서 전자에 해당하는 이들은 사회과학도 사회현상의 법칙을 발견하는 것이 그 목적이며, 그 법칙은 당연히 인과적인 설명이 가능하다고 보았다. 후자의 경우 사회현상의 법칙 발견과 일반화는 어불성설이고, 따라서 일반화에 기반한 인과적 설명은 사회과학에서는 불가능하며 가능한 것은 오로지 유일무이한 사안일 뿐이라고 하였다. 그리고 그 사안별로 가장 잘 들어맞는 것은 직관이라고 주장하였다.

이러한 극단적 대립 가운데서, 베버는 어떤 입장을 취했을까? 그의 전략은 실증주의와 역사주의를 모두 수용함으로써 역설적으로 그 둘을 거부하는 것이었다. 즉 이 두 가지 극단적인 의견을 건설적으로 헤쳐 모았다고 할 수 있다. 베버는 행위자들의 독특한 특질이나 그들이 행위에 부여하는 주관적 의미에 관심을 가졌다. 동시에 사회현상에서 '법칙' 비슷한 것을 찾아 '일반화'를 추구하는 것도 가능할 뿐만 아니라 반드시 그것을 지향해야 한다고 주장하였다. 그렇지만 이때의 베버가 말하는 '법칙'은 실증주의자들이 금과옥조로 여기는 '법칙 law'이 아니다. 그렇다면 베버가 폐기하지 않는 '법칙과 같은 유'의 것은 무엇이란 말인가? 베버 당시의 자연과학에서 말하는 '철칙 the iron law' 같은 것이 아니면서, 그곳에 '의미'까지 담겨져 있는 '법칙과 같은 유'의 것은 과연 무엇이란 말인가? 그것은 다름 아닌 **행위의 규칙성**이다. 베버는 '행위의 규칙성'의 발견이야말로 사회과학이 천착해야 할 중요한 과제라고 굳게 믿었다.

  예를 들어보자. 앞서 우리는 베버에게 있어서 사회학의 목적은 인간의 '의미'가 들어 있는 사회적 행위의 '이해'라고 말한 바 있다. 그러면서 우리는 남녀의 만남을 계속 이어가고자 할 때 장미꽃을 건네는 것을 그 예로 들었다. 그런데 그 있을 수 있는 가상의 예를 자세히 들여다보자. 왜냐하면 그것을 통해 우리는 베버가 말하는 '행위의 규칙성' 혹은 '법칙과 같은 유'에 대해 더 잘 이해할 수 있기 때문이다. 그 장미꽃을 건네는 예에서, 남자가 자신의 사랑을 고백하는 행위는 개인의 특이한 기호를 드러내는 방식이 아니었다. 말하자면 그는 그 여자에게 자신의 마음을 전달하기 위해서 뱀이 든 술병을 건네지는 않았다는 것이다. 이처럼 사람들은 자신들의 마음을 전달하기 위해 대부분 익히 알고 있고 비슷한 환경(상황) 속에서 적용할 수 있는 방식들, 즉 사회적 방식들을 채택한다. 베버는 사회학이 이러한 사회적 행위에 관심을 집중해야 한다고 주장하였다. 왜냐하면 그것은 비슷한 상황에서 사람들이 행할 수 있는 '규칙'적인 사회적 행동이기 때문이다. 그런 '규칙성'을 통해 우리는(사회학자뿐만 아니라 일반인들도) 인간의 '행위'에 담겨 있는 '의미'를 파악할 수 있다. 그는 이러한 속성을 지닌 사회적 행위의 원인과 그 과정 그리

고 결과를 설명하기 위해 사회적 행위에 대한 해석적 이해를 추구하는 과학이 바로 사회학이라고 규정지었다. 그리고 그런 작업에서 초점을 맞추어야 할 것은 바로 '행위'의 '규칙성'이라고 주장했던 것이다.

이러한 그의 주장에서 우리가 주의를 기울여야 할 것은 '원인'

과 '결과', 그리고 '설명'이라는 단어들이다. 이 용어들은 '인과성causality', 혹은 '인과적 설명causal explanation'이라는 것과 직접적으로 연관이 있다. '인과성'과 '인과적 설명'은 흔히 자연과학을 표준으로 삼는 사회과학자들, 즉 실증주의자들이 자신들의 방법을 다른 관점의 사회학적 작업들과 뚜렷하게 구별 짓는 매우 중요한 사항들이다. 그들은 어떠한 사회현상의 원인을 밝혀서 그 원인을 통해 현상들을 인과적으로 설명하려 시도한다. 또 그러한 과정을 거쳐 밝혀낸 원인들을 통해서 미래에 벌어질 일들을 확률적으로 예측하려고 시도한다. 이것을 과학이라고 규정짓는 학자들은 이 점에 대단한 자부심을 가진다. 그런데 반대 진영의 사람들(위에 언급한 베버 당시의 역사주의자들 및 현대에는 해석학의 전통에 선 사람들을 말함)은 실증주의적 과학관에 입각한 사회과학 방법론에 회의를 가질 뿐만 아니라 시도 자체를 폄훼한다. 왜냐하면 실증주의적 과학 방법론하에서는 인간의 고유한 의미와 동기를 포착해낼 수 없다고 생각했기 때문이다. 이런 점에서 그들은 주관적 의미와 동기의 해석적 이해를 강조한 베버를 자기 진영에 포진시키려 하는데, 엄밀히 말하자면 이것은 일부는 맞고 일부는 틀리다고 할 수 있다.

베버의 인과적 설명

해석학적 진영에 속한 이들의 주장에서 일부 옳은 것은 베버가 사회적 행위를 하는 이들의 주관적 의미와 동기를 해석적으로 이해해야 한다고 주장한 것을 부각시켰다는 데 있다. 반면 그들의 주장이 일부 틀린 것은 베버가 강조한 사회적 행위를 해석적으로 이해하는 방식을 직관에 의한 마구잡이식 이해와 동일시했기 때문이다. 확실히 베버는 직관에 의한 이해를 사회학이 지향해야 할 유일무이한 종착점으로 보지 않았다. 즉 그가 지향하고 있는 사회학의 목적지는 사회현상의 인과적 설명을 포함하는 해석적 이해였다.

베버는 사회적 행위를 해석적으로 이해하는 데 있어 사회(과)학자가 동원할 수 있는 방법으로 다른 이의 경험에 감정이입empathy하거나 상상적으로 되살려보는 추체험reliving의 예를 들었다. 즉 이를 통해서 자신이 실제로 경험하지 않은 것이라 할지라도 다른 사람이 행하는 특정한 사회적 행위를 어느 정도는 이해할 수 있다는 것이다. 그러나 만일 사회학이 사회적 행위에 대한 진정한 과학의 단계에 도달하고자 한다면 감정이입이나 추체험만으로는 턱없이 부족하다고 단언한다. 왜냐하면 그러한 것에 기초한 해석적 이해는 자칫 과학자가 처한 매우 특수한 상황에서 비롯된 극히 즉흥적이고 일회적인 이해로 머물 수가 있기 때문이다. 다시 말해서 그러한 상황에서 비롯된 이해는 과학자 멋대로의 자의적 이해일 수도 있기에 그의 해석이 검증 가능하지 않다는 것이다. 그런 단발적 이해는 모두가 납득할 수 있는 이해가 아닐 가능성이 크다.

그렇다면 베버의 인과적 설명은 실증주의가 표방하는 인과적 설명과 같을까? 전혀 그렇지 않다. 그러면 베버의 인과적 설명과 실증주의의 그것과 구별되는 것은 과연 무엇인가?

(1) 인과적 설명만의 개인플레이는 지양한다

베버의 인과적 설명은 실증주의처럼 인간과 사회적 행위가 따로 놀지 않는다. 이 말의 뜻은 매우 간단하다. 베버나 실증주의 전통에서 인과적 설명이 목표로 하는 것은 사회현상의 일반화다. 그런데 실증주의 전통에서는 인간이나 그들의 사회적 행위보다 일반화에 더 주력하는 경향이 짙다. 조금 심하게 말하면 그 전통에 속하는 이들에게 '사람'은 없고 '법칙'이나 '일반화'만 있을 뿐이다. 이런 전통에 경도된 연구 중에서 심한 경우는 사회학자들이 도출해낸 법칙에서 아무런 의미를 찾을 수 없는 것들이 허다하다. 그것은 곧 연구 자체의 무의미성과도 직결된다. 그렇게 된 이유는 그들이 실제로 사회적 행위를 하는 사람들의 주관적 의미를 제대로 파악하지 못하고, 혹은 그런 시도조차 하지 않고 오로지 법칙을 도출해내기 위한 연구 방법이나 기법에 혈안이 되었기 때문이다. 그런 경우, 설사 사회학자들이 인과적 설명을 그럴듯하게 할 수 있는 일반적 법칙을 발견해냈다고 주장하더라도 그 법칙은 실제 사회적 행위와 어떠한 형태로든 연결되지 않는 것이어서 결국 아무짝에도 쓸모없는 법칙을 고안해내고 흥분하는 상황이 빚어질 수도 있다. 이 경우 그들이 행한 연구의 유일한 의미가 있다면 단지 남들이 아직 능숙하게 사용하지 못하는 통계기법으로 멋진 통계논문을 하나 완성했다는 사실일 게다.

그러나 베버의 인과적 설명은 이런 유의 인과적 설명과는 그 지향하는 바가 판이하다. 그에게 인과적 설명과 해석적 이해는 대립관계가 아니고 긴밀한 협조관계에 놓여 있다. 한마디로 앞자가 따로 노는 각자 플레이를 베버는 허락하지 않았다. 해석적 이해는 인과적 설명이 있어야 하고, 인과적 설명은 반드시 해석적 이해가 전제가 되어야만 한다.

(2) 다수의 원인 규명을 목적으로 하는 인과적 설명

베버에게 있어 하나의 원인을 가지고 완벽한 인과적 설명을 하는 것은 헛된 짓이었다. 왜냐하면 하나의 사회적 행위나 사회적 현상은 수많은 인과적 연쇄 속에서 얽히고설켜 있기 때문이다. 따라서 사회적 행위와 사회적 현상을 단 하나의 원인으로 환원시키는 것은 금해야 할 것이다. 될 수 있으면 다양한 원인을 찾아내는 것 그리고 그러한 원인들로 설명하는 것이 베버가 표방한 인과적 설명이다.

(3) 단언이 아닌 하나의 가능성으로서의 인과적 설명

끝으로 베버의 인과적 설명의 특징은 어떤 사회적 현상이나 행위에 대한 단언이 아닌 확률이라는 데 있다. 확률을 조금 유식한 말로 개연성^{probability}이라고 한다. 즉 이미 일어난 사회적 행위를 이러저러한 원인들을 열거해 인과적으로 설명하는데, 맞을 가능성이 어느 정도 있다는 것이지 반드시 그 원인이 행위나 현상을 낳게 했다고 간주할 수 없다는 것이다. 이 말은 곧 인과적 설명의 확실성을 보장하지 못한다는 것을 말한다.

인생사의 비극 혹은 희극? '의도하지 않은 결과'

위의 얘기와 관련해서 급히 짚고 넘어가야 할 문제가 있다. 즉 베버가 강조했던 사회적 행위와 삶에 있어서의 독특한 특징 중 하나인 '의도하지 않은 결과'라는 문제다. 위에서 본 것처럼 베버는 인과적 설명이 확실성을 의미하는 것은 아니라는 점을 강조했다. 사회적 행위에 대한 인과적 설명이 들어맞지 않는 수가 비일비재하다는 것이다. 즉 베버는 인과적 설명이 통용되지 않는 삶의 부분들이 반드시 있음을 인정한 셈이다. 만일 인과적 설명(즉 하나 또는 그 이상의 원인으로 설명하는 것)으로 모든 인간의 행위와 사회현상이 완전히 판득되고 이해되는 세계가 있다면 그 세계는 무시무시한 세계가 될 것이다. 로봇의 사회나 조지 오웰 George Orwell, 1903~1950이 상상 속에서 묘사했던 통제사회가 그 예가 될 수 있다.

그런 점에서 인과적 설명이 확실성을 확보하지 못하는 사회는 숨통이 트인 사회라고 볼 수 있다. 이런 사회에서는 사회학자들의 진단이나 분석도 완벽한 것이 되지 못하고 일상생활을 살아가는 사람들 또한 자기와 관계된 사람들에 대해 100퍼센트 확신을 갖지 못하고 살아갈 것이다. 이것은 어떻게 보면 인생이 자기가 계획한 대로 되지 않기 때문에 짜증 나거나 비극적으로 보일 수도 있다. 하지만 달리 보면 자신이 계획한 대로 만사가 진행되지 않기 때문에 그로 인해 빚어지는 상상할 수도 없는 많은 일이 숨통을 트이게 하고 예상치 못한 희열을 준다. 따라서 이를 반드시 비극적인 것으로만 볼 수는 없다.

베버의 탁월성이 여기에 있다. 그는 일반인이거나 전문적 학자들이거나 상관없이 누구에게나 사회적 행위와 삶은 '의도하지 않는 결과'를 동반한다는 사실을 제시했다. 그것은 인간의 한계를 직시하게 하면서 더 나아가 그 한계를 넘어서게 하는 매우 신기한 현상임에 분명하다. 그리고 이것은 나중에 다룰 '합리성'에 대한 보완책이기도 하다. 성급히 말해서 베버가 인간 사회 현상의 '비합리성(합리적으로 설명하거나 예측할 수 없는 성질)'에 대해서 주목했다는 점을 일단 반드시 기억해두길 바란다.

해석적 이해와 인과적 설명과 관련하여 다음의 두 가지 사항들을 반드시 아울러 살펴보아야만 한다. 그것은 '**가치자유**value free'와 '**이념형**ideal type'이다.

연구하는 동안 연구자 자신의 가치는 잠시 유보하라

위에서 우리는 베버가 말하는 해석적 이해가 단발적이고 즉흥적인 '직관'에 의한 이해가 아니라는 점을 누차 강조했다. 그리고 사회적 행위에 대한 연구자의 해석적 이해가 반드시 검증 가능해야 한다는 점을 역설했다는 것도 아울러 살펴보았다. 바로 이 점이 지금 우리가 이야기하려는 베버의 '가치자유'와 긴밀히 맞물려 있다. 왜냐하면 어떠한 해석도 검증 가능해야 한다는 것은 곧 연구자 이외의 그 누구라도 동일하게 해석할 여지를 가지고 있어야 한다는 것을 의미하기 때문이다. 또한 이 말은 연구자 자신의 시각으로만 해석하는 것을 허용하지 않는다는 것을 의미한다. 즉 연구자가 자신이 지닌 가치판단의 안경을 가지고 연구 대상에 접근해서 그 가치를 가지고 연구 대상의 의미를 해석해서는 안 된다는 것을 말한다. 이를 베버는 '**가치자유**'라고 하였다. 그는 '가치자유'를 사회과학 연구자가 반드시 지켜야 하는 사항으로 체크 리스트에 올려 강조했다. 물론 어느 학자든 사람인 이상 자신이 지닌 가치를 완전히 포맷한 백지 상태에서 삶을 살 수는 없다. 그것이 연구든 일상의 삶이든 상관없이 말이다. 베버가 부인한 것은 이 점이 아니다. 그가 금지한 것은 단지 연구자가 연구를 진행하는 동안에는 반드시 자신이 지닌 나름의 가치를 저 뒤로 접어둔 채 대상을 있는 그대로 보려고 노력하라는 것이다. 이를 잠시 '유보'한다고 말한다. 즉 베버는 연구자의 가치를 '삭제erase'하라고 말한 것이 아니다.

예를 들어보자. 여기 엄격한 청교도적인 성도덕 관념을 지닌 사회학자가 있다고 치자. 그런데 그가 집창촌에서 일하는 창녀들의 실태와 인권에 대한 연구를 하게 되었다고 가정해보자. 베버가 말하는 '가치자유'란 연구를 진행할 때 청교도의 관점에서 창녀를 극히 불결하고 부도덕한 부류의 사람들이라는 고정관념을 가지고 즉, 창녀들의 일거수일투족에 색안경을 끼고 연구에 임하지 말라는 것이다. 그렇다고 해서 연구자가 가진 성도덕과 관련된 가치를 완전히 없애고 창녀들과 잠자리를 하면서 그들의 삶을 연구하라는 것도 결코 아니다. 베버가 말하는 '가치자유'란 연구자의 개인적 가치판단을 잠시 뒤로 미루고 연구 대상을 연구 대상의 입장에서 보려고 노력하라는 의미이다.

'이념형' 일반화를 위한 유용한 도구

　베버가 사회현상의 인과적 설명을 위해 고안해낸 것은 '이념형'이다. 인과적 설명을 통한 '일반화'란 한마디로 이야기하면 사회현상에서 특징적인 '규칙성'을 발견해내고 그것을 인과적으로 풀어서 설명하는 것을 말한다. 그리고 그러한 규칙성을 발견해내는 것은 사회현상의 얽히고설킨 잔가지들을 잘라내고 커다란 뿌리와 줄기를 발견해내는 것을 의미한다. 결국 '일반화'와 '규칙성'은 '구체성'보다는 '추상성'이라는 특징을 보유하기 마련이다. 그리고 그 '추상성'을 대변하는 것은 곧 '개념'이라고 할 수 있다.

　그런데 베버는 일반인들이 사용하는 개념과 당시의 전문가들이 사용하는 개념을 사회학에 그대로 사용하는 것은 문제가 많다고 여겼다. 왜냐하면 전자의 경우 사물이나 대상의 독특한 특징을 잘 살려내지 못한다는 단점이 있고, 후자의 경우에는 특정 영역에서만 국한된 개념들이 그 고립성으로 인해 그것과 관련된 다른 현상들과 좀처럼 비교하기가 어렵다는 단점이 있기 때문이다. 그래서 베버가 고안해낸 개념이 바로 '이념형'이다.

　베버의 '이념형'은 위에서 지적한 두 가지 개념의 단점을 보완하여 사회학자가 그의 연구를 원활하게 수행할 수 있도록 도와줄 뿐만 아니라, 연구의 목적지인 인과적 설명에 아무 무리 없이 도달하게 해주는 운송수단이다. 그런데 '이념형'은 실제 세계에서는 찾아볼 수 없다. 왜냐하면 그것은 사회학자가 연구를 위해 편의적으로 고안해낸 도구이기 때문이다. 그렇다고 마구잡이로 만들어진 것은 아니다. 사회학자가 연구 대상이 지니고 있는 여러 성격들 중에서 가장 특이하고 독특한 일부분을 부각시켜 고안해낸 것이 바로 '이념형'이다. 따라서 '이념형'을 보면 다른 것들과 확연히 구분되는 연구 대상의 특징을 알게 된다. 그러나 그것은 연구자의 상상 속에서만 존재하는 것이다. 예를 하나 들어볼까? 갈등 없는 결혼생활, 이것이 과연 현실세계에 존재할 수 있을까? 전혀 아니다. 그런 결혼생활은 결코 있을 수 없다. 하지만 갈등 없는 결혼생활을 충분히 상상할 수는 있다. 그것이 가능하다고 가정하면서 결혼생활에 대한 이런저런 이야기들을 풀어나갈 수 있는 것이다. 갈등이 전혀 없는 달콤한 밀월 때만을 부각시켜서 말이다. 그것은 비록 현실세계에는 존재하지 않는다 할지라도 학자들에게 있어 매우 유용한 개념적 도구일 수 있다.

만남 6

베버, 마르크스에 도전하다

종교사회학

우리가 이 책에서 베버의 종교사회학에 대해 이야기하는 데에는 구성상의 형식에 맞춘다는 이유 외에 두 가지 이유가 더 있다. 그 하나는 베버의 사회학에 있어 종교가 차지하는 위치가 뒤르켐에서 보았던 것만큼이나 지대하기 때문이다. 즉 베버가 볼 때, 종교는 사회의 그 어떤 부문보다 우선해서 살펴보아야 하는 것이었다. 둘째 이유로는 그가 제시한 사회학 방법론의 적용 모델로서 그의 종교사회학이 거론될 수 있기 때문이다. 따라서 우리는 반드시 그의 종교사회학을 살펴보아야 한다.

베버, 마르크스의 망령과 대결하다

다음 장에서 자세히 다루겠지만, 베버가 그의 생애를 통해 심혈을 기울여 천착한 문제는 현대사회의 독특한 성격에 대한 것이었다. "무엇이 과거의 세계와 현대사회를 구분하고 있을까?" 물론 그에게 있어 현대사회는 서유럽과 미국을 포함하는 서구문명권을 말하는 것이다. 나중에 더 자세히 살펴보겠지만 베버는 과거와 현대사회를 구분하는 특징으로 '합리화'를 꼽았다. 그리고 베버는 집요하게 묻기 시작한다. "도대체 어떤 요인이 현대 서구문명 사회에 합리화를 가져오게 하였는가?" 이 질문은 칼 만하임 Karl Mannheim, 1893~1947 이라는 독일의 사회학자가 베버의 사회학을 한마디로 대변한 질문이다. 베버는 이 질문을 스스로에게 던지면서 그 답으로 '자본주의 capitalism'라는 경제체제에 눈을 돌렸다. 그의 눈에 자본주의가 현대 서구세계를 낳는데 지대한 영향을 끼친 것으로 보였기 때문이다.

그런데 이 문제를 다룰 때 우리가 반드시 함께 거론해야 할 인물이 있다. 그 사람은 바로 마르크스 Karl Marx, 1818~1883 이다. 우리가 베버를 다루면서 그를 언급해야 하는 중요한 이유는 베버가 자신의 사회학을 전개해나가는 데 있어 끈질기게 염두에

:: 칼 만하임

지식사회학이라는 새로운 사회학을 개척하며, 시대를 진단하는 학문으로서의 사회학에 의의를 역설한 독일의 사회학자. 대표저서로는『이데올로기와 유토피아 Ideology and Utopia』(1929)가 있다.

:: 칼 마르크스

역사를 계급갈등과 투쟁의 장으로 보고, 그것을 종식시키는 것이야말로 학문의 목적이자 종착점이라고 설파한 독일의 사회사상가. 갈등론적 시각의 사회학의 선구자로 알려짐. 대표저서로는『자본론 Capital』(1867)『독일이데올로기 German Ideology』(1845),『경제철학수고 Economic and Philosophic Manuscripts of 1844』(1932) 등이 있다.

두었던 학자가 바로 마르크스였기 때문이다. 흔히 이를 두고 베버가 마르크스의 망령과 부단히 씨름했다고 비평가들은 이야기한다. 그럼 어떤 점 때문에 이런 얘기들이 회자되는 것일까?

베버나 마르크스는 아무나 범접할 수 있는 사회학자들이 아니다. 말하자면 고전사회학의 거장들이라고 할 수 있다. 그들을 개인적으로 좋아하건 싫어하건 상관없이 그들이 사회학의 대가인 것은 아무도 부인하지 못할 것이다. 베버와 마르크스가 거장으로 칭송되고 간주되는 데에는 그럴만한 이유가 있다. 그 이유들 중에서, 이번 섹션과 관련되어 거론될 수 있는 이유는 바로 그들이 사유하는 데 있어 비슷한 주제에 관심을 가지고 있다는 점이다. 고수들은 하수들이 감히 생각하지도 못하는 데에 관심을 가지게 된다. 게다가 그 관심의 대상이 비슷하다면, 그들은 진정으로 고수들 아닌가? 그래서 고수들은 고수들끼리 놀게 마련이다. 그들은 확실히 노는 물이 다르다.

베버와 마르크스가 그러하다. 그들은 비슷한 주제, 즉 현대사회의 자본주의에 관심을 보였다. 그러면 자본주의의 어떤 점에 관심을 두 사람이 보였을까? 두 사람 공히 현대 자본주의의 전개가 매우 역동적이면서 그 발전이 역사상 전례 없었다는 점에 의견을 같이한다. 그러나 동시에 차이점도 보인다. 바로 그 차이점을 부각시키는 데 주력했다는 점에서, 베버가 마르크스를 늘 염두에 두고 그의 망령과 대결했다고 일컬어지는 것이다. 마르크스와 베버의 차이점이란 마르크스가 현대사회의 자본주의 발전을 역사 발전의 모든 단계 중 한 단계로 간주한 반면, 베버는 그런 식으로 자본주의 발전을 보지 않았다는 데 있다. 즉 베버는 마르크스와는 달리 자본주의 발전을 역사에 있어 필연적이고 보편적 현상으로 결코 보지 않았다. 여기는 조금 부연이 필요하다.

　마르크스는 서구자본주의의 발전을 인류역사 전체의 진화라는 연장선상에서 이해했다. 그는 인류역사의 발전을 여러 단계로 나누어, 각 단계가 필연적으로 진화해나가는 것으로 보았다. 그 단계는 다음과 같다.

원시공산주의사회 → 노예제사회 → 봉건제사회 → 자본주의사회 → 공산(사회)주의사회

　마르크스는 이러한 단계가 역사에서는 필연적으로 일어나게 되며 동시에 그 필연의 일환으로 자본주의사회가 생성되고 소멸되는 것으로 보았다. 그리고 주목할 것은 자본주의의 발전단계가 특정 사회에서만 나타나는 것이 아닌, 전 인류 그리고 그 인류가 속한 모든 사회에서 일어나는 역사적 법칙으로 보았다.

　그러나 베버는 이러한 마르크스의 시각과 상당한 차이를 보였다. 베버에게 있어 전 인류역사를 아우르는 일반적인 발전단계란 존재하지 않는다. 따라서 서구자본주의체제를 역사 발전의 필연적 결과나 보편적인 이행단계로 간주하는 것은 복잡하고 독특한 역사적 사실을 단순화하는 오류를 범하는 것이므로 반드시 피해야 한다고 생각했다. 베버에게 서구자본주의의 발전은 전 인류의 필연적 역사 발전의 한 단계가 아닌, 서유럽과 미국에서만 전개되는 매우 독특한 현상이었고, 그러한 자본주의 발전의 독특함은 여타 지역에서는 보이지 않는 것이었다.

그러나 이때 조심해야 할 것이 있다. 당시 서유럽과 미국에서 꽃피고 있던 자본주의의 발전이 다른 곳에서 목도되지 않는 매우 독특한 것으로 베버가 간주한다고 해서, 그가 다음의 사실까지를 부인하고 있는 것이 결코 아니라는 점이다. 그 사실은 바로 자본주의적 에토스(사회집단이나 민족 등을 특징짓는 기풍이나 관습) 중 하나인 이기적인 영리 추구의 극대화는 언제 어디서든지 찾을 수 있다는 것이다.

실제로 베버는 『중국의 종교Religion of China』(1920)라는 책에서 그러한 자본주의적 에토스가 고대 중국의 상업 분야에 팽배해 있었음을 지적하고 있다. 그러나 여기서 베버가 관심을 기울였던 것은 그 점보다는 그럼에도 불구하고 "왜 하필 서유럽에서 자본주의의 시동이 걸리게 되었는가?"하는 질문이었다. 왜냐하면 자본주의적 에토스의 발견이 곧 자본주의의 발전을 의미하는 것이 아니기 때문이다. 고대 중국에서 자본주의적 에토스가 팽배해 있었다고 해도 실제로 자본주의가 발전하지는 않았기 때문이다.

베버의 눈에는 자본주의의 본격적 출발은 근대 서유럽에서 시작된 것이었다. 따라서 베버의 의문은 당연히 서유럽에서 자본주의가 태동하게 된 배경에 초점이 맞추어져 있었다. 그리고 그가 내린 결론 중의 하나는 서유럽의 자본주의의 탄생이 마르크스가 보는 것 같이 보편적인 역사 발전 법칙의 필연적 산물이 아니라 마치 수수께끼와도 같은 우연에 의한 것이었다는 사실이다.

베버와 마르크스의 두 번째 차이점은 종교와 깊은 연관이 있다. 이들은 종교를 인간사회에 있어서 정신적인 영역에 포함되는 것으로 간주했지만 종교의 영역을 어떤 식으로 다룰 것인가에 관해서는 현격한 차이를 보인다.

우선 마르크스는 종교를 포함하여 모든 정신적 영역, 즉 정치, 예술, 문화, 법 등의 사회부분을 '상부구조'라고 불렀다. 그리고 이와 대칭되는 개념으로 둘질적이고 경제적인 사회부분을 이른바 '하부구조'라고 불렀다. 마르크스에게 '상부구조'는 '하부구조'라는 원인의 결과일 뿐이다. 다시 말해서 '하부구조'가 '상부구조'를 결정한다고 보면 된다. 따라서 인간의 정신 영역은 물질적인 조건의 단순한 반영에 불과한 것이 된다. 한 사람의 생각은 그가 어떤 물질적 위치에 속하느냐에 따라 편차를 보인다는 얘기이다. 결국 마르크스에게 중요한 것은 인간의 정신보다는 그가 손에 쥔 물질이었다.

마르크스의 이러한 생각에 베버는 심히 불편해했다. 왜냐하면 베버가 보기에 인간의 물질적 토대, 즉 마르크스식으로 얘기해서 '하부구조'는 오히려 인간의 정신적 영역인 '상부구조'의 영향을 받아 전개되는 것으로 보였기 때문이다. 물론 이런 생각을 "상부구조가 하부구조를 결정한다"는 식의 마르크스와 반대되는 논리로 풀어나간 것은 아니다. 하지만 단순화시킨다면 그것도 그리 틀린 얘기는 아니라고 할 수 있다. 이러한 베버의 생각을 그대로 노정시킨 것이 바로 그의 유명한 『개신교 윤리와 자본주의 정신 The Protestant Ethic and the Spirit of Capitalism』(1905)이다.

『개신교 윤리와 자본주의 정신』

우리는 앞서 베버가 제창한 독특한 그 나름의 방법론으로서의 인과적 설명에 대해 살펴보았다. 그런데 베버의 『개신교 윤리와 자본주의 정신』은 그가 주창했던 인과적 설명의 매우 훌륭한 전범典範으로 간주할 수 있다. 베버는 자본주의의 태동과 발전이 매우 복잡한 인과적 요인들이 서로 얽히고설킨 채 전개된 것으로 보았을 뿐만 아니라 서유럽과 미국 이외의 다른 곳에서는 찾아볼 수 없는 매우 특이한 현상으로 간주했다. 따라서 이러한 특수한 현상을 단 하나의 요인으로 환원하여 설명하는 것은 지나친 일반화의 위험에 빠지는 것이라고 굳게 믿었다. 그것은 그가 '개신교 윤리' 또한 자본주의가 태동하고 발전하는 데 기여한 많은 요인들 중 하나라는 점을 누차 강조한 것을 보면 충분히 인식할 수 있다. 물론, 그것이 수많은 요인들 중 하나임을 인정하면서도 그 영향력이 지대했다는 것을 강조하는 것 또한 베버는 소홀히 하지 않았다. 그러한 인식이 반드시 필요한 이유는 바로 앞에서 지적한 바 있는 마르크스와의 대결 때문이었다. 또 다른 이유로는 이러한 인식이야말로 하나의 특수한 역사적 사실과 그 속에 포함된 인간들의 사회적 행위의 주관적 의미를 직관에 의해서가 아닌, 객관적이고 인과적으로 설명해내는 것이었기 때문이다.

그리고 그의 『개신교 윤리와 자본주의 정신』은 인과적 설명을 통한 일반화를 위해 연구자에게 제안했던 편리한 도구, 즉 '이념형'을 제대로 사용한 좋은 본보기가 될 수 있다. 우선 베버는 '자본주의 정신'이라는 '이념형'을 고안해냈다. 실제 생활에서는 찾아볼 수 없지만 자본주의라면 보유할 것 같은 특정의 고안물이 의미하는 바는 다음과 같다.

베버는 근대적 자본주의 경제체제가 16~17세기 서유럽에서 최초로 태동할 때 어떤 특유한 생활양식이 자본주의체제와 함께 발맞추어 등장했을 뿐만 아니라 자본주의체제의 발생에 매우 지대한 영향을 미쳤다고 간주한다. 그 특유한 하나의 세속적인 생활양식과 그것을 둘러싼 윤리적 동기 구조가 바로 베버가 고안해낸 '자본주의 정신'이다. 베버에 의해서 고안된 또 다른 '이념형'으로는 '현세금욕주의inner-worldly asceticism'라는 것이 있다. 이 개념은 베버가 '자본주의 정신'이라는 '이념형'과 단짝을 이루게 하기 위해서 개신교의 윤리강령을 한마디로 압축, 요약한 매우 기가 막힌 개념이다.

앞에서 우리는 서구자본주의체제의 발흥에 중요한 역할을 담당했던 특정의 생활양식과 세속적인 윤리가 있다고 했다. 그런데 베버에 따르면 그러한 세속적인 생활양식과 윤리의 뒤에는 또 다른 동기 유발 구조가 도사리고 있다고 믿고 있다. 그 배후에 있는 것이 바로 당시의 특수한 종교적 가치관과 세계관이었다는 것이다.

개신교의 행동강령 현세금욕주의

'현세금욕주의'는 베버의 『개신교 윤리와 자본주의 정신』에서 핵심으로 작용한다. '현세금욕주의'는 이른바 또 다른 '이념형'

인 '자본주의 정신'을 부추기는 이념으로, 역사적으로 개신교가 그것을 중요한 윤리요강으로 표방했다고 베버는 묘사하고 있다. 그리고 이를 통해 베버는 개신교, 특히 '청교주의^{Puritanism}'가 서구 역사에 지대한 영향을 끼친 하나의 중요한 요인임을 입증하려 애썼다. 베버의 논의는 매우 간단하다. '현세금욕주의'는 현세의 일을 내세^{來世}와 관련짓는 개신교의 특별한 종교적 행동강령의 변형된 한 형태이다. 그것을 한마디로 얘기한다면, 개신교도들은 누구나 내세를 목표로 하고 살아야지 현세를 목표로 해서 살아서는 안 된다는 것이다. 이때의 내세를 목표로 한다는 것은 이 세상을 살다가 죽고 나서의 일을 얘기한다. 즉 "죽어서 구원을 받아 천국에 가는가?" 아니면 "구원을 받지 못해 지옥에 가는가?"가 개신교도들의 최대 관심사이어야지, 지금 '내'가 이 세상^{現世}에서 잘 먹고 잘사는 것이 최대의 관심사가 되어서는 안 된다는 것이었다. 다시 말해서 요즘 말로 '웰빙'이 기독교의 화두가 되어서는 안 된다는 것이다. 즉 개신교도들의 최대 관심사는 '구원'이었다. '구원'을 위해서라면 이 세상의 무엇도(비록 그것이 극도의 쾌락을 준다고 할지라도) 포기해야만 하는 것이고, 이 세상의 모든 것들이 다 '구원'을 위한 전시체제에 들어가야 한다는 뜻이었다. 이러한 기독교의 행동윤리강령을 보다 자세하게 구체화시킨 이로 베버는 두 사람을 꼽았다.

그 한 사람이 바로 루터$^{Martin\ Luther,\ 1483~1546}$다. 루터는 성직의 개념을 모든 세속적인 직업에 확대 적용하였다. 즉 이전까지 성직은 하나님으로부터 부르심(소명, calling)을 받은 이들이 행하는 직업으로 사제, 수도승, 수녀를 일컬었지만 루터는 창녀, 도둑,

강도, 사기범 등을 제외한 모든 일상의 합법적인 직업이 모두 성직이라는 독특한 교의를 폈다. 루터는 어부, 농부, 대장장이, 상인 등과 같은 직업도 모두 하나님이 개개인에게 나름대로 부여한 일종의 '달란트talent'로 그것이 아무리 미천한 것으로 보일지라도 그 임무에 충실히 임하는 것을 바로 하나님을 기쁘게 하는 일이라고 『신약성서』를 근거로 들어 설파했다. 따라서 이러한 신념하에서는 자신의 세속적 직업에 열심히 임하는 것을 바로 내세에 '구원'을 받을 수 있는 최선의 왕도王道로 간주했던 것은 매우 당연한 일이다.

또 한 사람의 중요한 인물로는 칼뱅John Calvin, 1509~1564이 거론되었다. 왜냐하면 그의 '운명예정설'이란 교의는 '현세금욕주의'가 활활 타오르는 데 기름을 붓는 격이 되었기 때문이다. '운명예정설'이란, 글자 그대로 보면 현세에서 내가 무엇이 될지, 어떻게 살지가 이미 예정된 것을 말한다고 생각할 수도 있지만 칼뱅이 말한 '운명예정설'은 그것과는 거리가 멀다. 이 역시 내세와 관련된 교의다. 앞서 개신교도, 특히 청교도들의 관심은 온통 내세의 '구원' 여부에 있다고 했다. 여기서 '운명예정설'이란 내세에서의 '구원' 여부가 이미 판가름이 나 있다는 의미에서 운명이 예정되어 있다는 교의를 말한다.

아마도 이 교의에 대해 오해하고 있는 비개신교도들은 이렇게 말할 것이다. "그래? 운명이 이미 예정되어 있다고? 그것이 사실이라면 현재 네가 무얼 어찌하든 구원하고는 아무런 상관이 없을 것 아니냐. 그렇다면 네 멋대로 살아. 어차피 네가 선한 일을 하든, 악한 짓을 하든 운명이 이미 예정되어 있다는데 무슨 상관이람!"

그러나 '운명예정설'에 대해 개신교도들이 취한 태도는 매우 특이한 것이었다. 개신교도들, 특히 청교도들은 자신의 운명을 미리 알고 싶어 했다. 그리고 그 운명을 미리 예측할 수 있는 방편으로 하나님에 의해 선택받은 이들, 즉 구원받은 이들은 이 속(현)세에서도 '구원'의 증표를 받을 수 있을 것이라고 생각했다. 개신교도들은 속세에서의 성공을 그 증표로 간주하기 시작했다. 이것은 어쩌면 당연한 귀결인지도 모른다. 왜냐하면 루터가 일상의 세속적 직업 자체도 하나님의 부르심을 입은 소명의 일환, 즉 성직으로 보았는데 그 성직이 번성하고 성공하면 그것이야말로 '구원'의 확실한 증표가 되리라는 것은 논리적으로도 틀린 것이 아니기 때문이다.

따라서 칼뱅주의는 인간의 경제활동을 포함한 인생의 모든 것을 종교적인 것과 연관시켰다. 부연하면 칼뱅주의의 시각에서 볼 때, 인생의 모든 것은 일종의 종교적인 테스트와 같은 것이었다. 따라서 모든 종교적 테스트는 통과해야만 하는 것이었다. 이 말은 곧 인생의 경제활동을 포함한 모든 것에 성공을 추구하는 것을 의미하였다.

이런 교의에 수긍하는 개신교도들은 세속적 직업의 성공을 목표로 삼고 불철주야 매진했다. 그들은 시간과 힘 그리고 돈을 허투루 낭비하지 않으며 오직 일만 했다. 그들은 힘든 고역을 오로지 정신적으로나 육체적으로 행할 수 있는 죄악을 방지하는 최선책으로 간주하고 그것을 마다하지 않았다. 친구들과 잡담으로 시간을 허비하지도 않고 잠도 많이 자지 않았으며 빈둥거리지 않고 먹는 것과 입는 것을 위해 필요 이상의 돈을 쓰지 않았다. 그들은 검박했고 절약했다.

그런데 주의해야 할 것은 그들이 이렇게 한 것은 오로지 내세의 '구원' 때문이었다는 것이다. 그 '구원'의 확신을 미리 엿보기 위해 그들은 속세에서의 성공과 번영을 추구하였던 것이다. 다시 말해 근면, 성실, 검약, 노동 등을 행하는 이유가 내세의 '구원'을 위한 것이었지 현세의 안녕과 번영을 위한 것이 아니었다는 것이다.

'선택적 친화력'

그러면 다음을 한번 유추해보라. 만일 여러분이 사치나 허영으로 돈을 낭비하지 않았다고 가정해보자. 오락이나 쓸데없는 데 시간도 낭비하지 않았다. 열심히 땀 흘려 일만 했다. 생활에 들어가는 최소한의 비용 이외에는 모두 저축했다. 이런 생활을 한다면 돈이 은행계좌에 쌓이겠는가, 아니겠는가? 쌓이는 것이 당연하다. 곧 부자가 될 것이다. 그런데 한 사람만 이러한 생활을 하는 것이 아니라 대부분의 사람들이 이러한 검박한 생활을 실천한다고 상상해보라. 분명 그 집단이나 사회는 부유해질 것이다.

그런데 이런 생활을 하는 사람들이 아무런 동기 없이 그런 생활을 하는 것이 아닌, 종교적 윤리를 동기로 철저하게 내핍과 금욕적인 일상생활을 해나간다고 가정해보자. 어떤 일들이 벌어지

겠는가?

　은행에는 돈이 넘쳐나서 그 돈을 빌려다가 사업을 하고자 하는 사람들도 있을 것이다. 그런 이들 중 다음과 같은 사장이 있다고 치자. 그 사장은 자신의 사업을 개인적인 사리사욕을 채우는 데, 이를테면 좋은 집을 사고 좋은 차를 굴리고 좋은 옷을 입고 좋은 곳으로 바캉스를 떠나고 자식들과 부인이 호의호식하는 데에 이용하지 않는다. 사장은 자신이 운영하는 사업체를 내세에 구원을 받을 수 있는지 여부를 미리 알기 위한 척도로 삼고 열심을 다해 그 사업체를 번성시키려 한다. 사원들의 복리후생에 관심을 갖고 자신의 사업체에서 만들어내는 생산물의 질을 높이려 심혈을 기울인다. 그렇다면 어느 사원이 그 사장을 존경하지 않겠는가? 존경하는 사장과 함께 운영하는 사업체를 위해 몸 바칠 생각이 나지 않겠는가? 더군다나 직원들은 자신이 맡은 일을 성직으로 생각하고 있으니 그 결과는 명약관화하다. 이런 사람들로 모인 집단이나 사회는 여건만 정상으로 돌아간다면 다른 것은 몰라도 경제적으로는 크게 번성할 것이 분명하다. 그들은 나름대로 자신이 일한 것에 대한 좋은 결과를 기대할 것이고 그런 기대가 나쁜 것으로 평가받지도 않을 것이며 스스로도 그것이 나쁜 것이라고는 추호도 생각지 않을 것이다. 쉽게 말하자면, 이렇게 돈을 벌어 부자가 된 사람들을 두고 주위 사람들이 돈밖에 모르는 '수전노'나 부당한 수법으로 돈을 번 '도둑놈'이라고 이죽거리지 않을 것이라는 얘기다. 물론 성공한 이들도 스스로 당당하고 떳떳해할 것이다.

　베버가 주목했던 점이 바로 이것이다. 어떤 점에 주목했느냐고?

자기가 일한 것에 대한 좋은 결과를, 한마디로 환원해서 그것을 시쳇말로 '이윤'이라고 치자. 이런 맥락에서 좋은 결과를 추구하는 것은 '이윤 추구'를 뜻한다. 즉 자기가 가진 능력과 일말의 밑천을 가지고 최대한 값은 것을 남기는 것이다. 개신교도들에게 세속적 삶에서의 성공과 번성, 그리고 그것을 가능하게 해준다고 믿을 수 있는 이윤 추구는 더 이상 속물적이라고 비난받고 회피해야 할 사안이 아니게 되었다. 즉 그들은 세속적 삶의 모든 경제활동에 대한 정당성을 종교적으로 인증받게 되었다.

바로 이 점이 자본주의의 정신과 코드가 맞아떨어진다는 것이다. 자본주의의 목적은 다름 아닌 '이윤 추구'를 위한 자본의 축적이다. 그것을 충족시키기 위해 자본주의 정신은 개개인의 노동을 통한 자립을 조장하고 권장한다. 그 세부 권장사항에는 정직, 신뢰, 검약, 저축, 고된 노역, 절제, 허례허식의 추방, 낭비의 혐오 등이 포함된다. 이러한 자본주의 정신과 개신교의 윤리는 닮아도 너무 닮아 있다. 단 한 가지 다른 것이 있다면 후자는 모든 것이 하나님의 영광을 빛내고 그 후광 속에 편입되기 위해 행하는 것이고 전자는 하나님이 빠진 채로 행해지는 것이라는 점이다.

이렇게 양자 간에 코드가 맞아 시너지 효과를 내는 것을 베버는 '**선택적 친화력**^{elective affinty}'이라고 불렀다. 선택적 친화력이란 어떤 사회집단과 특정 이념이 서로 죽고 못 살 정도로 떨어지지 않고 서로를 갈구하고 찾는 과정을 말한다. 이것은 단일 요인으로 어떤 현상을 설명하려는 단순한 인과적 설명과는 성격이 달라도 한참이나 다르다. 이처럼 '선택적 친화력'은 다양한 요인들 간의 상호관계를 강조하려고 고안해낸 개념이다.

자본주의체제를 선호하거나 주창하는 집단(예를 들면, 서구의 신흥 부르주아지)에게는 그들이 이상^{理想}으로 생각하는 목적지를 향해 가는 데 딱 들어맞는 아이디어가 있었다. 베버가 볼 때, 그 아이디어란 바로 앞서 살펴본 개신교 윤리였다. 만일 이것이 사실이라면 개신교 윤리는 근대 서구자본주의의 태동과 발흥 그리고 발전에 결정적인 역할을 담당했을 것이다. 이에 대한 주장을 담대하게 펼친 것이 바로 베버의 『개신교 윤리와 자본주의 정신』이었다.

'의도하지 않은 결과' 베버의 탁월성

앞에서 우리는 개신교의 특수한 윤리가 자본주의체제에 걸맞는 태도와 관행의 발전에 매우 중요한 역할을 담당했다는 사실에 베버가 그의 이목을 집중했다는 것에 대해 살펴보았다. 개신교의 특유한 윤리란 한마디로 안락을 추구하는 것을 금하는 '자기부정'의 윤리였으며, 이를 베버는 '현세금욕주의'라는 이념형을 사용하여 개신교 윤리가 자본주의 정신과 서로 짝을 이루는 가운데 서구의 자본주의 발전에 지대한 영향을 미쳤다고 주장하였다.

이러한 베버의 주장을 이해했다면 마지막으로 다음 사항을 짚고 넘어가야 한다. 설사 개신교 윤리가 이런저런 점에서 자본주의체제와 그것을 지탱하고 추진하는 동기인 자본주의 정신과 많은 유사점을 가지고 서로 상호영향을 주고받는 가운데 자본주의 체제의 발전에 결정적 기여를 하였다는 점을 십분 인정한다고 하더라도, 개신교도들이 애초부터 자본주의 체제의 발전을 도모했다는 주장은 펼칠 수 없다는 점이다. 즉 개신교도들은 혹은 개신교는 자본의 축적과 자본주의체제의 발전을 의도적으로 계획하지 않았다. 그러나 결과적으로는 개신교 윤리와 자본주의체제는 떼려야 뗄 수 없는 상호관계를 가지게 되었다. 그것은 순전히 우연의 산물이라고밖에 볼 수 없다. 이를 베버는 개신교의 '의도하지 않은 결과 unintended consequence'라고 불렀다.

다시 한 번 말하지만 초기의 개신교와 개신교 윤리를 철저하게 삶의 행동강령으로 삼았던 청교도들에게 세속적인 성공과 이윤 추구는 허용되는 것이었지만 그것이 그들의 궁극적인 목표는 아니었다. 그들의 최종적인 목표는 다음 세상에서 천국에 입성하는 것이었다. 그것이야말로 그들의 삶을, 그리고 육체와 정신을 떨리게 하는 최고의 관심사였고 소망이었으며 궁극적인 의미였다. 그것이 이루어지지 않는다면 이 세상에서 잘 먹고 잘사는 것은 아무런 의미가 없는 것이었다. 도살장에 끌려가기 전의 소나 돼지는 주인들이 잘 먹이기 마련이다. 근수가 더 많이 나가게 하기 위해서다. 포동포동 살이 올라 남의 밥상에서 된장에 발라지느니 바짝 말라 도살장에 끌려가지 않는 편이 더 낫다고 청고도들은 생각한 것이다. 다시 말해서 현세에서의 성공과 번성은 그리고 그로 인한 삶의 윤택과 풍요로움은 그것 자체가 목적이 되지 않는 것이었다. 성공과 번영은 단지 "자신이 택한 직업에

대한 하나님의 진정한 소명인가? 혹은 아닌가?"를 판단하는 기준일 뿐이었으며 동시에 "나는 천국으로 간다"는 것을 확증해 주는 단순한 수단이었을 뿐 그 이상도, 그 이하도 아니었다. 더군다나 후자, 즉 현세의 성공을 통해 얻은 결과물의 일종인 부의 축적을 가지고 속세에서 안락, 평안, 윤택 등을 누린다는 것은 상상조차 할 수 없는 경계사항이었다. 실제로 그런 것은 청교도들이 누려서는 안 되는 혐오의 대상이었다. 왜냐하면 그러한 것은 의심의 여지 없이 자신들을 천국에 들어가지 못하도록 하는

악마의 계교로 간주했기 때문이다. 이 점은 기독교와 거리가 먼 사람들도 충분히 이해할 수 있는 이야기이다. 왜냐하면 등 따숩고 배가 부르면 뭔가 딴 생각이 나는 것이 세상사 이치이기 때문이다. 따라서 그들이 현세에서 추구한 생활 태도의 가장 이상적인 지침으로 말할 것 같으면, 세속적인 성공은 추구하되 성공의 결실을 현세에서 누리고 향유하는 것은 죄악으로 간주하여 그 결실의 향유에는 눈길조차 돌리지 않는다는 것이었다. 이것이 바로 개신교의 '현세금욕주의'이다.

그런데 그들은 그렇게 살면 살수록 더 부유하게 되었고, 그들이 축적한 부는 자본주의체제 발전의 밑거름이 되었다. 부유한 것을 궁극적 목적으로 삼지도 않고, 자본주의체제의 성장은 실로 안중에도 없었음에도 불구하고 결국은 부유하게 되었고 자본주의체제는 번성하였다. 그것은 철저하게 의도하지 않은 개신교 윤리의 결과였던 것이다.

만남 7

베버가 본 현대사회

현대사회의 도래에 대해 베버는 어떤 시각을 견지하고 있을까? 이에 대해 답하는 것은 앞에서 살펴보았던 사회적 행위와 종교현상에 대해 더 자세한 이해를 필요로 한다. 왜냐하면 베버의 현대사회론과 종교 그리고 사회적 행위는 긴밀한 관련을 맺고 있기 때문이다.

사회적 행위와 권위

베버는 사회적 행위를 다음의 네 가지 종류로 구분하였다. 물론 이것은 현실세계에서 분리해서 발견할 수 없는 이념형들이다. 왜냐하면 어떤 사회적 행위라도 베버가 구분한 네 가지 유형으로 딱 맞아떨어지지는 않기 대문이다. 단지 쉽게 설명하기 위해 분석적으로 구분하여 특정의 모습을 과도하게 부각시킨 것일 뿐이다. 이 점에 주의하면서 네 가지 사회적 행위 유형을 살펴보자.

(1) 전통적 행위
어떤 행위가 아무런 생각 없이 기계적이고 습관적으로 행해지는 행동이다. 설에 부모나 친지를 찾아 세배하는 행위가 여기에 속한다.

(2) 정의情誼적 행위
감정으로부터 야기되는 행위. 사랑하는 이에게 뽀뽀를 하거나 꼴불견인 사람을 회피하는 행위가 그 예다.

(3) 가치지향적 행위
성공의 여부와는 무관하게 어떤 행동 자체가 지닌 가치에 대해 신뢰함으로써 나타날 수 있는 행동이다. 부동산 투기를 하면 돈을 벌 것이라는 것을 알면서도, 그리고 어떻게 부동산 투기를 하는지에 대한 방법을 꿰뚫고 있음에도 그것이 옳지 않으므로 하지 않는 행위를 말한다.

(4) 목적합리적 행위
목적이나 수단이 모두 합리적으로 선택된, 실천적 목적을 지닌 행위다. 결혼이나 취업을 위해 성형수술을 받거나 결혼중매업소(혹은 직업알선업소)를 찾는 행위가 여기에 속한다.

베버는 유형적으로 나누어 본 사회적 행위가 과거 전통사회와 현대사회에서 차지하는 비중이 달라지는 것으로 간주하였다. 즉 사회적 행위가 과거에는 전통이나 감정에 의해, 혹은 가치지향적 행위로 표출되었다면 현대사회에서는 점차로 목적합리성에 근거한 행위가 지배적이 된다는 것이다. 그리고 이러한 사회적 행위는 어떤 사회적 행위를 하는 데 있어 "그런 행위를 왜 하는가?"에 대한 '근거'를 제시하는 '정당성^{legitimacy}' 문제와도 긴밀히 연결된다.

일반적으로 사람들은 다른 사람이 이래라저래라 하는 것을 매우 싫어한다. 자신이 마음 내키는 대로 행동하기를 원한다는 얘기다. 그러나 사회생활을 하다 보면 자신이 원하는 일만 딱히 하고 살 수는 없다는 것을 깨닫게 된다. 그런 사회가 있다면 얼마나 좋겠느냐마는 말이다. 베버는 이렇게 어떤 이가 하고 싶어 하지 않은 일이라도 하도록 시킬 수 있는 힘을 '권력^{power}'라고 하였다. "어떤 이의 의사에 반하여 그리고 그의 저항이 있음에도 불구하고 자신의 도적을 관철시킬 수 있는 가능성"을 '권력'이라고 한 것이다. 그러나 '권력'을 쥔 이들은 단순히 그런 '권력'을 쥔 것만으로는 만족하지 않는다. 왜냐하면 세 가지 이유 때문이다. 첫째로 그들은 명령을 내릴 때마다 타인이 자신의 명령에 따르는지 아닌지를 지키고 있어야만 하는 피곤한 상황을 싫어하고, 다음으로 일시적인 복종이 아닌 지속적인 복종을 원하기 때문이다. 끝으로 '권력'을 행사하는 이는 자신이 과시하는 힘 때문이 아닌 타인의 자발적인 복종을 원한다. 베버는 이 세 가지 사항을 완벽하게 충족시키는 변형된 '권력'이 있다고 했는데 그것이 바로 '**권위**'^{authority}'다. 한마디로 '권위'를 정의하면 그것은 '**정당화된 권력**'$^{legitimated\ power}$'이 된다. 즉 '권력'의 행사에 합당한 이유가 피권력자에게 납득이 되면, 다시 말해서 일단 정당성이 확보되면 '권력'자의 숙원(宿願)은 이루어진 것이나 진배없다.

권력자의 '권위'는 흔히 일상생활에서 어떤 이들이 특정 행위를 하게 될 경우, "그 행위에 대한 근거가 무엇이냐?"라고 물을 때 제시하는 답으로 대변될 수 있다. 베버가 구분한 세 가지 '권위'를 구체적인 예를 통해 살펴보자.

(1) 전통

"왜 여자나 남자나 때가 되면 결혼을 해야 하나요?"의 질문에 만일 답이 "예전부터 그래왔으니까"라고 나오게 되면 그 결혼이란 행위는 전통이라는 권위에 의해 자행되는 것이다.

(2) 카리스마

이 유형의 권위는 (1)의 전통적 권위와는 성질이 완전히 달라 대조를 이룬다. 왜냐하면 카리스마적 권위는 모든 전통을 거부하기 때문이다. 베버는 카리스마의 전형으로 예수그리스도를 들고 있다. 왜냐하면 예수그리스도는 기존의 모든 율법적인 유대교적 관행과 전통들을 일거에 무력화시켰기 때문이다. 예수그리스도의 카리스마는 "너희는 지금껏 그렇게 해왔다. 그러나 내가 진실로 네게 이르노니 이제부터는 이렇게 하라"와 같은 식의 언변으로 대변된다.

(3) 합리적-법적 권위

법적으로 용인된 절차에 의거한 권위다. "왜 남자는 군대에 가야 하나요?"에 대한 답은 "대한민국의 병역법에 그렇게 명시되어 있다"이다. 따라서 병역을 위한 징집은 합리적이고 법적인 행위가 된다.

이상의 '권위' 얘기를 뜬금없이 현대사회 이야기를 하면서 왜 꺼냈느냐고? '권위'의 문제와 '현대사회'의 논의를 연결시킨 이유는 사회적 행위와 마찬가지로 베버가 현대사회에서의 대부분의 행위가 바로 (3)의 합리적-법적 권위에 의해 주로 이루어진다고 보았기 때문이다. 반면 과거사회는 전통과 카리스마에 의한 권위가 지배적이었다고 베버는 강조했다. 이러한 지적은 다음에 살펴볼 '합리화' 과정과 궤를 같이한다. 이 이야기를 쉽게 얘기하면 다음과 같다. 현대사회에서는 대부분의 사회적 행위가 점점 더 감정이 결여된 채 뚜딱하기만 한 법이나 합리적 계산에 의해서만 행해지는 경향이 짙어진다는 것이다. 어떻게 보면 이런 세상은 감정도, 눈물도 메말라버린 삭막한 세상 같아 보인다. 왜냐하면 모든 사회적 관계의 행위들이 오직 합리적이고 법적인 근거에서만 움직이는 세상을 떠올려보라. 살맛이 생기겠는지. 부부간의 일이나 부모와 자식 간의 일을 가지고 법정에서 일일이 시시비비를 다루는 세상을 떠올려보라. 얼마나 끔찍한 일인지……. 그런데 베버는 그런 사회가 점점 도래하고 있다고 보았다.

현재 우리나라에서도 이런 모습은 비일비재하게 일어나고 있다. 얼마 전 로또에 당첨된 어느 부부의 이야기가 보도되었다.

형편상 서로 다른 곳에 떨어져 살고 있던 이 부부에게 로또는 유일한 희망이었다. 어느 날 남편이 산 로또가 20여억 원이 넘는 금액에 당첨되는 행운을 안았다. 세금을 제한 나머지 금액을 들고 부부는 은행에 가서 부인 명의로 당첨금을 세 계좌에 분산 예치하였다. 그런데 문제는 나중에 불거져 나온다. 졸지에 공돈이 생긴 남편은 가난에 찌들어 사는 부모가 생각났고 번듯한 전세를 얻어주고 싶어 부인에게 얼마간의 돈을 인출할 것을 요청했다. 그러나 부인은 그것을 거절했고 이에 격분한 남편은 법원에 통장 가압류 신청을 내놓고 법정 소송에 들어갔다. 부인은 자신이 꾼 꿈 때문에 복권이 당첨된 것이므로 그 돈은 자신의 것이고 남편과 시부모에게는 단 한 푼도 줄 수 없다는 입장을 보였다. 우리는 여기서 누구의 잘잘못을 가려 어느 편에 서자는 것을 말하고자 하는 것이 아니다. 단지 부부간의 일을, 그것도 금전적인 사안을 법정까지 가지고 가야 하는 세상이 도래했다는 것을 말하고자 함이다.

물론 이러한 세상의 긍정적인 모습도 있을 수 있겠지만 그것은 뒷부분에서 다루기로 하고 여기서는 이 정도로 멈추기로 한다.

합리화의 일상화, 탈미혹(탈주술)화, 그리고 세속화

위에서 살핀 바 있듯이, 베버는 현대사회의 사회적 행위와 그것의 근거를 제공해주는 정당성과 권위에 있어서 '**합리화**rationalization'가 급속히 진행 중이라고 진단했다. 즉 전통이나 정서적 혹은 가치지향적인 사회적 행위는 이해타산을 위해 모든 목적과 수단을 엄밀하게 따지는 계산적이고 합리적인 행위들로 대체된다. 그리고 어떤 행위의 정당성은 '과거에 그래왔던' 타성이나 엄청난 파괴력을 보이는 카리스마보다는 사회구성원들 간에 합리적으로 도출된 법에 의해 부여된다. 베버는 이러한 합리화 과정을 현대사회의 큰 변혁을 가져오는 메가톤급 힘으로 보았을 뿐만 아니라, 합리화 과정이 모든 삶의 구석구석에 굳게 뿌리를 내려 자리 잡아가고 있음을 목도하였다. 그 대표적인 예가 바로 '관료제bureaucracy'다. '관료제'적 성격은 이제 현대인의 생활세계 도처에서 목격된다. 학교, 군대, 은행, 병원, 직장, 심지어 교회에 이르기까지 합리화에 근거한 관료제를 채택하고 있다. 이러한 조직은 단 한 사람의 카리스마에 의해 좌지우지되지 않는다. 거기에는 사적인 감정들은 철저하게 배제될 것이 기대되고 합리적이고 법적인 절차가 중시될 것이다.

   그런데 이러한 현대사회의 합리화 과정은 그가 보는 현대사회의 종교현상과 특이하게 맞물린다. 이에 대한 논의를 좀더 자세히 해보도록 하자. 베버가 진단한 현대사회는 '탈미혹, 탈주술화disenchantment of the world' 과정이 급속히 진행되는 사회다. '탈미혹' 과정이란 일상생활의 모든 것이 신비적인 힘에 의거한다고 보는 것이 아니라 어떤 원리에 의해 작동하는 것일 뿐이라는 생각이 지배적인 사회적 과정을 말한다. 이런 사회 속의 사람들은 다양한 삶의 원리와 법칙을 찾으려 노력하지만 삶의 문제를 해결하기 위해 점집으로 달려가지는 않는다. 이런 사회에서는 원칙적으로 모든 지식이 탐구를 통해 도출되며 지식에 기반한 계산을 통해 모든 것을 지배할 수 있다는 신념이 우세하다. 그리고 이러한 '탈미혹화'는 바로 '합리화' 과정과 떼려야 뗄 수 없는 관계를 가진다. 왜냐하면 양자 모두 신비에 싸인 전통과 감정에 지배되는 모든 행위들을 비합리적인 것이라고 몰아붙이기 때문이다. 이렇게 볼 때 베버가 보는 '합리화' 그리고 '탈미혹화'는 다름 아닌 '계산가능성'을 의미한다. 계산을 통해 과거를 해석하고 현재를 재단하고 미래를 예측할 수 있다는 것이다. 거기에는 어떠한 마법도 신비도 있을 수 없다.

이러한 '탈미혹화' 과정을 다른 말로 번역하면 '주지주의적 합리주의' 과정이라고 할 수 있다. 즉 인간의 지성, 이성을 가장 믿을 만한 것으로 간주하고 이에 근거한 합리성을 모토로 하는 세계관이 팽배해가는 과정이다. 이러한 과정에서는 미신적이고 마술적인 모든 것은 일절 타파된다. 왜냐하면 이것은 인간의 이성을 마비시키고 혼미하게 하여 제대로 된 판단을 하지 못하도록 하기 때문이다.

베버가 관찰한 바로는 이러한 '탈미혹' 과정이 원래 개신교도들에 의해 애초에 시작되었다. 실제로 청교도들은 일체의 마술과 미신 그리고 점성술 등을 철저히 배격하였다. 이는 가톨릭에서 관례화되어 있는 여러 가지 성사聖事도 예외가 아니었다. 청교도들은 가톨릭의 성사조차 성서에 근거한 것이 아닌 오랜 시간 습관적으로 행해져온 것으로, 신비주의적이고 주술적이고 이교도적인 색채가 짙게 풍긴다고 하여 일반적인 미신과 같이 취급하며 배격하였다. 베버가 볼 때, 개신교도들의 이러한 탈미신적이고 탈주술적인 교의와 행동강령은 모든 것을 이성적이고 합리적으로 판단하고 계산, 예측하여 세계에 대한 일체의 신비주의적 해석의 여지를 일소하려 들었던 세속적인 '주지주의적 합리주의'와 사이좋은 동반자가 되었던 것이다.

그러나 문제는 개신교와 세속적인 합리주의 간의 밀월관계는 그리 오래가지 않았다는 데 있다. 왜냐하면 이러한 과정이 지배적인 세계에 동반되는 또 다른 과정 때문이었다. 여러분 한번 곰곰이 생각해보라. 그것이 무엇이었겠는지?

"이 세상엔 인간이 생각하고 추론하고 계산할 수 없는 것이란 곧 아무것도 없다!"

탈미혹, 탈주술적인 사고가 팽배한 곳에서는 미신과 마법뿐만 아니라 일체의 종교 또한 발붙일 틈이 없어진다는 것을 의미한다. 이러한 과정을 베버는 종교의 '**세속화 과정**^{secularization of religion}'이라고 명하였다. 하지만 여기서 주의해야 할 것이 있다. 우리말에서 '세속적'이란 말이 '통속적'이란 말로 통용됨으로써 자칫 오해를 불러일으킬 수 있다는 것이다. 따라서 "종교가 세속화되었다" 말을 "종교가 통속화되었다"란 뜻으로 이해하거나 종교가 세속에서와 같이 돈을 많이 밝힌다는 뜻으로 베버의 '세속화 과정'을 이해하면 안 된다.

베버의 '세속화' 과정이란 사회에서 차지하는 종교의 힘이 퇴색해가는 과정을 이야기한다. 과거사회에서는 종교의 힘이 그야말로 지대했었다. 이 말은 곧 거의 모든 사회적 행위가 종교적인 울타리를 벗어나기 힘들었다는 것을 의미한다. 그 힘은 단순히 겉으로 드러나는 행위에만 국한된 것이 아니었다. 종교의 힘은 사람들의 가치관에도 커다란 영향을 미쳤다. 즉 과거의 사람들은 종교 내에서 살고 종교 내에서 죽어갔다. 그들에게 있어 종교란 삶의 의미였으며 인생의 전부였다. 종교가 삶의 궁극적 의미였던 세계는 알지 못할 후광으로 가득 찬 신비의 세계였다. 왜냐하면 어차피 종교란 인간들의 지략과 지성 그리고 이성을 넘어서는 분야를 다 포괄하는 것이기 때문이다. 즉 종교란 인간의 합리성을 넘어서는 영역까지도 포괄한다. 종교란 무궁한 비합리성의 근원이 되는 것이다. 모든 비합리성을 배격하는 것은 종교의 뿌리를 흔드는 것과 같은 얘기이다. 여기에 개신교도 예외일 수 없었다.

이 말은 무엇을 뜻하는가? 모든 미신과 마(주)술을 배격함으로써 성서에 입각한 신앙을 세우려 애썼던 개신교가 세속적 합리주의의 강력한 촉진제와 추진력이 되어 세속적 합리주의와 한동안 동거할 수 있었으나, 결국 시간이 얼마 지나지 않아 합리주의에 의해 이혼을 요구받게 되었다는 것이다. 왜냐하면 비록 개신교가 미신과 주술을 배격했다 하더라도 그 자체가 인간의 모든 지략(합리성)을 초월한 비합리성을 배태할 수밖에 없는 하나의 종교였기 때문이다. 개신교는 미신과 마술이 지닌 비합리성을 구축驅逐하면서 동시에 자신이 지닌 비합리성(비록 미신과 마술이 지닌 비합리성과는 확실히 다른 차원이긴 하지만)에도 주지주의적 합리주의의 칼날이 가해지는 예기치 못한 상황에 속수무책일 수밖에 없었다. 개신교도 하나의 종교인 이상 그 자체에서 비합리성을 걷어낸다는 것은 개신교 자신의 정체성에도 상당한 위기가 도래함을 의미한다. 어차피 주지주의적 합리성은 그것이 저급한 차원이든 고급한 차원이든 상관없이 종교의 틀을 지닌 것과는 물과 기름같이 애당초 어울릴 수 없는 성질의 것이다. 말하자면 개신교도 저급한 미신과 마(주)술 그리고 그것들보다 고차원의 종교들('문화종교' 혹은 '세계종교 world religion')과 마찬가지로 쇠퇴일로의 과정을 밟게 되었다. 바로 이를 개신교의 '세속화 과정'이라고 말한다. 그리고 이러한 현상은 개신교 자체가 애초에 주창했던 '탈미혹' 과정의 그야말로 '의도하지 않은 결과'였던 것이다. 쉽게 얘기해서 결국 개신교는 믿는 도끼에 발등 찍힌 격이 되었던 것이다.

세계를 여러 다른 신神들이 접수하다 _{가치의 다원화}

'탈미혹화' 과정과 세속화 과정에 반하는 종교부흥 현상이 최근 세계의 이곳저곳에서 예사롭지 않게 진행되고 있는 것이 목격되고 있다. 그 때문에 베버가 종교사회학 분야에서 심상치 않은 비판에 직면하고 있는 것은 사실이지만, 어쨌든 '탈미혹화'와 '세속화' 과정들로 인해 주요 종교들인, 이른바 세계종교들이 커다란 타격을 받아온 것 또한 부인할 수 없는 엄연한 사실이다. 베버가 이러한 주장을 하게 된 이유는 이른바 세계종교들이 막강한 힘을 행사할 때와 그렇지 않을 때의 차이가 매우 선명하게 존재했기 때문이다. 그 차이는 한마디로 종교의 관할하에 있는 사람들(혹은 신도)의 피로도疲勞度의 차이다.

쉽게 얘기해보자. 종교의 힘이 대단했을 때 그 사회의 구성원들은 특정 종교의 신도가 되어야 한다는 횡포만 눈 딱 감고 받아

만남 · 141

들인다면, 그 외의 삶의 모든 것은 거의 자동적으로 해결되었다고 보아도 무방하다. 먹는 것에서부터 입는 것, 그리고 잠자리와 관련된 모든 것에 이르기까지 개인이 딱히 신경 쓸 것은 어디에도 없었다. 그저 다른 이들이 하는 대로 따라 하기만 하면 만사 오케이였다. 그리고 그런 사회와 종교에서는 특이한 돌발 사안이 발생하더라도 일상적인 경우와 마찬가지로 개인이 대처할 수 있도록 완벽한 매뉴얼이 이미 갖추어져 있었다. 즉 모든 사회구성원을 아우를 수 있는 포괄적인 이념체계를 가지고 있었던 것이다. 사람들은 그 이념체계의 안경을 통해서 세계를 보고, 우주를 보고, 자신을 보게 되었다. 그리고 그들은 하나가 될 수 있었고, 행복했다. 한마디로 그들은 '무엇을 어떻게 해야 한다'라는 개인적인 대처와 판단이 필요하지 않았고 따라서 특별히 매사에 지나친 신경을 쓰지 않아도 된다는 점에서 개인이 떠맡아야 하는 짐은 거의 없었다고 보아도 지나치지 않다.

　이에 반해 종교의 힘이 쇠락衰落의 길로 접어들어 점점 미약해질 때, 개인들의 처지는 위에서 살핀 것과는 정반대의 상황에 처하게 된다. 하지만 그들 입장에서 반가운 점이 아주 없는 것은 아니다. 우선 특정 종교를 강압적으로 받아들여야만 한다는 족쇄로부터 해방된다. 이를 단순히 하나의 종교를 강요당하느냐 아니면 자신이 선택하느냐의 문제로만 받아들이면 문제를 너무 얕잡아 본 것이 된다. 왜냐하면 이것은 단순히 특정 종교의 선택과 관련한 천상天上의 문제로만 받아들일 수 없기 때문이다. 그것은 지상地上의 문제와도 반드시 연결된다. 특정 종교가 막강한 힘을 지닌 시대는 그 종교를 받아들이지 않으면 일체의 일상생활도 불가능했다. 중세시대의 파문을 생각해보라. 성당에서 쫓겨 난다는 것은 곧 이제 먹고사는 것이 불가능해진다는 것을 의미 했다. 즉 아무도 그와 사회적이고 경제적인 거래를 하지 않게 된 다는 것이다. 종교적 파문은 사회적 사형선고의 다른 이름이었 다. 그런데 종교라는 거대한 풍선에 바람이 빠지기 시작하면서 상황은 급변하게 된다. 어느 누구도 더 이상 종교적 파문을 두려 워하지 않게 되었다. 왜냐하면 교회에서 걸어 나왔다는 것이 더 이상 사회적 생매장을 의미하지 않기 때문이다. 이제 한 개인은 어떠한 종교를 택하든 누가 뭐라고 하지 않고 오늘은 이 종교, 내일은 저 종교를 택한다고 하더라도 아무도 눈 하나 깜짝하지 않는다. 설사 종교를 택하지 않는다고 하더라도 일상생활을 하 는데 아무런 지장이 없게 되었다. 오히려 종교를 가진 사람을 이 상한 눈으로 보는 세상이 되어버렸을 정도다. 요점은 이것이다. 이런 시대의 사람들은 이전 시대의 사람들보다 더 자유로워졌다 는 것이다.

 그러나 이 세상에 공짜 점심은 없다. 얻는 게 있으면 잃는 것 이 있게 마련이다. 달리 말해 이런 좋은 것을 얻게 되면, 저런 나 쁜 것도 얻게 되어 있다. 미녀를 아내로 맞이하게 되견, 혹 그녀 가 가지고 있을지도 모를 성마른 성미도 받아들여야만 한다. 영 덕대게를 맛있게 먹으려면 일단 손을 더럽혀야 하고 가시 없는 장미꽃을 상상할 수 없듯이, 어떠한 것에 반드시 동반되는 것을 따 로 분리시켜 그중 좋고 자신에게 유리한 것만 취하려는 심사는 바람직하지도 않을뿐더러 대우 비현실적인 일이다. 따라서 종교 와 관련해서도 현대인이 얻은 것이 있다면 그와 동반되는 다른 점도 받아들일 만반의 태세를 갖추어야 한다. 준비 없이 당하는 것보다 어느 정도 대비를 하고 당하는 편이 덜 당혹스러운 것이 사실이니까.

그럼 도대체 무엇을 받아들여야 한다는 것일까? 그것은 한마디로 '피곤함'이다. 종교의 힘이 막강한 시대에는 종교가 사람들이 살아가는 사회의 모든 문제에 대한 일목요연한 해답을 제시해주었다. 이런 세계의 사람들은 대체로 정서적으로 안정되었으며 덜 피로하였다. 왜냐하면 쓸데없이 신경 쓸 일이 별로 없었기 때문이다. 하지만 종교가 맥을 못 추는 곳에서는 모든 문제에 사람들 스스로의 판단과 결정이 요구된다. 이를 의미와 가치의 '사유화私有化' 또는 '파편화破片化'라고 부르면 적당할 것이다. 즉 하나의 사회를 아우르는 공동의 가치와 의미는 찾아볼 수 없게 되었다. 대신 사회 속에 살아가는 개인들 각자가 나름의 가치관과 의미를 지닌 채 살아가게 된다. 그 가치는 공유되고 공통적이며 객관화된 것이라기보다는 잘게 분쇄된 것들이고 다른 이의 가치와 의미들과는 항상 경쟁관계에 놓이게 된다. 이를 베버는 **가치의 '다신교多神敎, polytheism'적 상황**이라고 표현하였다. 즉 특정한 하나의 가치가 우세하여 전 사회를 휩쓰는 것이 아닌 천차만별의 다양한 가치들이 서로 키를 재는 상황이 된다는 것이다. 그리고 설사 하나의 가치가 대다수의 대중들을 일거에 사로잡는 듯 보이더라도 그 수명은 그리 길지 못하고 다른 가치가 곧 그 자리를 대신하게 된다는 것을 의미한다.

이러한 가치의 '다신교'적 상황은 오늘날의 학문적 용어로 '다원주의pluralism'적 상황으로 쉽게 번역할 수 있다. '다원주의'

란 서로 다양한 이념, 가치관, 생활양식 등이 공존하는 상태를 의미한다. 그런데 베버가 '다원주의'란 용어를 사용하지 않고 굳이 가치의 '다신교'란 수식을 사용한 데는 나름의 이유가 있다. 그것은 특정한 하나의 가치가 곧 '신神'이 되었음을 간파했기 때문이다. 그리고 그 가치의 유래는 사회가 아닌 인간 개개인이다. 고로 이 말은 곧 인간 개개인이 '신'이 되어버렸다는 것을 의미한다. 그리고 그 '신'들은 서로 조화하지 못하고 배꾯거리면서 영원한 투쟁 상태에 돌입하게 된다. 이것이 바로 베버가 본 현대사회의 모습이다.

'쇠우리'에 대한 오래된 오해

그러면 과연 베버는 현대사회의 이러한 측면에 대해서 어떤 입장을 견지하고 있었는가? 긍정적으로 생각했을까, 아니면 얼굴을 찡그렸을까? 이를 학자연하는 사람들이 쓰는 용어로 바꾸면 "베버가 현대사회에 대해서 낙관론자였는가? 아니면 염세론자였는가?"로 표현할 수 있겠다. 이에 대한 흔한 답은 베버가 현대사회에 대해 염세론자였다는 것이다. 그러한 답을 내리는 사람들이 흔히 전가傳家의 보도寶刀처럼 내세우는 근거가 바로 '쇠우리iron cage'이다. 그러나 이 용어는 그 단어가 주는 즉시성과 강렬함 때문에 어떤 문맥에서 어떤 취지를 가지고 사용되었는가를 곰곰이 따지지 않으면 커다란 오해를 불러일으키기 쉽기 때문에 각별한 주의가 요망된다. 베버는 이 용어를 자신의 저서 『개신교 윤리와 자본주의 정신』의 말미에 사용하였는데, 애초의 취지는 자본주의 태동의 강력한 자극제로 작용한 개신교의 '현세금욕주의'적 윤리가 퇴색되고 오로지 자본주의체제의 껍데기만 활성화되어 관성으로 굴러가게 되는 상황을 은유적으로 강철케이스에 빗대어 사용한 개념이다.

물론 이 용어에는 베버가 지닌 일말의 아쉬움과 안타까움의 의미도 없지는 않다. 비록 자신을 무신론자의 범주에 넣긴 했지만 베버는 개신교에 매우 우호적이었기 때문이다. 자본주의 태동과 발전에 특정 종교의 결정적 기여를 강조하고, 상기하고 싶어 했던 베버에게 당시의 자본주의가 개신교적 색채를 거의 삭제한 채로 굴러가기 시작한다는 사실은 그리 유쾌한 일이 아니었다. 하지만 베버의 이러한 씁쓸한 감정을 현대사회 전반에 걸친 혐오와 비관으로 파악하는 것은 지나친 논리적 비약이라고 할 수 있다.

분명히 얘기하지만, 베버는 현대사회를 몹쓸 것으로 간주하고 과거와 같은 모습으로 돌아가기를 원했던 반동 혹은 복고주의자가 결코 아니었다. 그는 오히려 현대사회의 긍정적인 모습들에 더 민감하게 반응하였다. 그 긍정적인 측면들은 주로 앞에서 살핀 가치의 '다신교'적 상황에서 유래한다. 베버는 현대사회의 이러한 다원적인 상황을 기꺼이 수용하였으며 나아가 반기기까지 하였다. 이것은 그의 「직업으로서의 학문 Science as a Vocation」(1919)이라는 논문을 꼼꼼히 읽어보면 잘 알 수 있다. 그는 이 논문에서 다원적인 상황을 못 견뎌 하고 힘들어하는 사람들을 '나약함 weakness'이라는 용어를 써가며 질타한다. 즉 현대적 상황이 아무리 힘들고 버겁게 느껴져도 정면으로 마주 보고 나아가야 할 필요성에 대해 역설하고 있는 것이다. 그는 앞에 커다란 강이 놓여 있다고 해서 뒷걸음쳐 뒤로 되돌아갈 수는 없으며 기꺼이 위험과 피곤을 감내하고 자신이 짊어진 짐과 함께 한 걸음 한 걸음 가다 보면 반드시 얻는 것이 있을 것이라고 믿었다. 그러면 도대체 여기서 그는 무엇을 얻을 수 있다고 보았을까? 필자가 보기엔 세상의 '다양성'이었을 것이고 그 다양성은 곧 인간의 '자유'와 직결되는 것으로 보인다.

이러한 주장은 베버의 사상적 배경을 보면 그 타당성과 신뢰성을 어렵지 않게 얻게 된다. 그는 이른바 사해동포四海同胞적인, 즉 코스모폴리탄적인 부르주아 분위기에서 유년시절을 보내며 성장하였기 때문에 종교적으로는 개신교의 영향을 받았고 정치적으로는 부르주아적 자유주의에 젖어 있었다. 이러한 성향을 견지한 베버가 이상理想으로 생각하는 나라는 자신의 조국, 독일이 아니었다. 당시 독일은 정치적으로 권위주의적이고 군국주의적인 성격을 띠고 있었으며, 경제적으로는 신흥 자유주의적 부르주아가 아닌 프러시아 귀족계급의 주도하에 산업화 과정이 진행되고 있었다. 진적으로 그가 동경했던 국가는 바로 영국이었다. 왜냐하면 베버의 눈에는 영국이야말로 청교도 혁명으로 개신교가 꽃 몽우리를 터뜨리고 그로 인해 자율적 제도와 근대적 정치체제 그리고 인권을 발전시킨 나라로 비쳤기 때문이다. 그리고 이러한 영국의 이상적인 면을 비록 그 일면일지언정 그나마 당대에 노정시키고 있는 나라가 미국이라고 베버는 생각했다. 그의 부인과 함께 뉴욕, 시카고, 보스턴 등 대도시를 비롯해 미국 곳곳을 여행한 1904년은 바로 『개신교 윤리와 자본주의 정신』이 집필되고 출간되는 시기였다. 당시 신대륙인 미국을 여행하면서 "베버가 건강하고 약동하는, 확신에 찬 선善에의 에너지가 팽배한 미국에 한껏 고무되었다"라고 그의 부인 마리엔느는 회고하고 있다. 베버는 영국과 미국에서 느껴지는 생동감(그는 이것을 개신교적 윤리에서 애초에 유래하는 것으로 간주했다)을, 산업화를 겪고 있지만 아직도 권위주의적이고 봉건제적 색채가 농후하기만 한 자신의 조국 독일에 『개신교 윤리와 자본주의 정신』을 통해 간접적으로 일깨워주고 불어넣어주고 싶어 했다.

이렇게 볼 때 그가 진실로 우려하고 회피하려 했던 것은 다원주의가 팽배해지는 근대성, 혹은 현대사회의 이런저런 측면이 아니라 바로 반근대주의적 복고, 혹은 옛것을 그리워하고 동경하는 낭만주의 경향이었다. 그의 '쇠우리' 비유는 자유와 자율을 보장하는 다원주의적인 현대사회를 비유한 것이 아니었다. 오히려 자유와 자율을 담보해주지 않는 과거사회의 모습과 그 그림자가 현대사회에 투영되고 드리워질 개연성에 대해 주위를 환기시키고자 했다는 것이 더 타당할 것이다. 이는 그의 전 사상적 지도와 『개신교 윤리와 자본주의 정신』을 숙지하면 더욱 확실히 이해할 수 있게 된다.

그런데 이 '쇠우리'의 비유를 베버의 사상 전체적 맥락을 벗어나(확실히 이것은 베버 저서의 철저한 독서가 없는 상태에서 벌어질 가능성이 농후하다), 읽는 이의 상상을 곁들여 그저 인간을 옭아매는 족쇄쯤으로 보았다고 판단하고, 그러한 세상의 도래를 비관적으로 보았다라고 얘기하는 것은 얼토당토않다. 그러나 불행하게도 이것은 미국이나 한국을 가릴 것 없이 사회학계의 오랜 관행이 되어왔던 것 같다.

물론 이런 진중치 못한 관행에 거스르는 정통 베버 전문가가 아주 없는 것이 아니다. 칼버그$^{Stephen\ Kalberg,\ 1945~}$가 그 대표적인 예다. 현재 전 세계를 통틀어 최고의 베버 전문가로 이름을 떨치고 있는 그는 10여 년간 독일 유학에서 얻은 탄탄한 어학 실력과 전문지식으로, 1930년 파슨스$^{Talcott\ Parsons,\ 1902~1979}$가 영어로 초역한 베버의 『개신교 윤리와 자본주의 정신』을 2002년 독일어 원문에 충실하게 다시 번역하였다.

그런데 칼버그의 재번역 중에서 가장 눈에 두드러지는 것은 바로 '쇠우리'에 대한 다른 용어의 적용이다. 칼버그는 파슨스가 '쇠우리$^{iron\ cage}$'로 번역했던 베버의 'ein stahlhartes Gehäuse'를 '강철외피(껍데기)$^{鋼鐵外皮,\ steel\ casing}$'라고 번역하였다. 이렇게 달리 번역했던 것은 자칫 파슨스의 번역이 독자들로 하여금 심각한 오해를 불러일으킬 수 있기 때문이다. 파슨스의 '쇠우리'는 사람들로 하여금 철창 안에 수감되어 있는 인상을 가지게 한다.

베버의 저작을 전후좌우로 읽지 않고 파슨스의 '쇠우리' 번역을 접하는 경우, '쇠우리'라는 용어는 그의 사상 전체적인 맥락을 벗어난 오도된 인상, 즉 탈맥락적인 인상을 조장하는 데 일조를 할 수 있는 것

:: **스테판 칼버그**

미국의 사회학자로 베버 사회학의 정통한 학자로 알려져 있음. 수년간 독일에 유학했으며 루이스 코저(Lewis Coser)에게서 사사했음. 현재 보스턴 대학교 사회학과 교수. 저서로는 『베버의 비교역사사회학 Max Weber's Comparative-Historical Sociology』(1994)이 있다.

으로 보인다. 그 인상이란 다름 아닌 염세적인 인상인 것은 두말할 나위가 없다. 하지만 '강철외피'는 언제든지 벗어던질 수 있는 외투와 같은 이미지로 전자보다는 덜 구속적인 의미를 지니고 있고, 베버의 전체 사상 맥락에서도 벗어나지 않는 것으로 사료되어 새로운 용어 번역이 채택된 것 같다. 따라서 필자가 보기에 베버를 올바르게 이해하려면 적어도 영어책으로는 파슨스의 것보다 칼버그의 번역이 더 나은 것으로 판단된다.

이쯤에서 이와 관련된 논의를 그만 끝내도 되지만, 한 가지만 더 덧붙이고자 한다. 베버가 가치의 '다신교'적 상황을 우호적으로 반겼다는 것은 다음의 사항으로 더욱 선명해진다. 그것은 바로 앞에서 언급한 바 있는 루터의 '성직' 개념의 세속화와 연결된다. 루터 이전의 성직은 종교에 국한된 몇몇 직업으로 한정되었다고 밝힌 바 있다. 그러나 루터는 불법적인 직업을 제외한 모든 직업을 성직으로 간주하는 파격의 교리를 설파하였다. 바로 여기에 이미 가치의 '다신교'적 상황은 그 맹아^{萌芽}를 보이고 있다. "성직은 단 하나 혹은 둘이 아닌, 수없이 많은 여러 개다"라는 언명은 "너나 나나 할 것 없이 모두 가치 있다"라는 말

:: 탈코트 파슨스

미국의 사회학자로 사회행동의 일반이론을 전개하였다. 1925~1926년에 독일에서 베버에 대한 연구에 몰두하여 학위를 취득하였고 유럽의 사회과학을 광범위하게 흡수하여 미국에 도입했다. 기능주의의 창시자로 알려져 있다. 하버드 대학에서 수많은 쟁쟁한 후학들을 길러냈다. 『사회적 행위의 구조 The Structure of Social Action』(1937), 『사회체계 The Social System』(1951), 『사회 이론과 현대사회 Sociological Theory and Modern Society』(1968), 『행위 이론과 인간조건 Action Theory and the Human Condition』(1978) 등을 포함한 다수의 저작이 있다.

과 상통하기 때문이다. 그 가치는 우열을 가릴 수 있는 문제가 아니다. 왜냐하면 모두 나름대로 의미가 있기 때문이다. 이것은 분명 베버가 말한 가치의 '다신교적' 상황과 맞떨어지며, 개신교에 경도되어 있던 그가 이러한 종교적 교의와 세속적 이념을 거부했을 리 만무하다고 토이도 무방하기 때문이다.

그러나 단 한 가지, '강철외피(상자)'에는 위에서 주로 언급한 사항 말고도 종교적 색채으는 결별한 채 단지 돈벌이에만 혈안이 되어 있는 인간과 그런 인간들이 모여 있는 집단에 대한 경고도 반드시 깃들어 있음을 명심해야 할 것이다. 이 점은 위에서 상세히 다룬 다원주의 상황에 대한 경고와 성격이 완전히 다른 별개의 문제가 될 수 없다. 돈벌이에만 혈안이 된 사람들이 넘쳐나고, 돈만이 최고라는 가치, 즉 '배금사상拜金思想, mammonism'이 팽배한 세계에서는 여타의 바람직한 가치들이 말살되고 폄훼되는 등의 끔찍한 일이 일어날 수도 있기 때문이다.

이제까지 우리는 베버가 어떻게 현대의 사회학이 발전하는 데 결정적 기여를 했는지에 대해 상세히 살펴보았다. 우선 우리는 사회적 행위를 이해하는 것이 사회학의 목적이라고 천명했던 베버의 출사표를 접할 수 있었다. 또한 그 목적을 이루기 위해 사회학자가 취해야 할 것으로 베버가 제시한 방법론도 아울러 살펴보았다. 베버는 사회적 행위의 주관적 의미를 파악해내는 것, 그러나 그것이 임의적인 그리고 우발적인 단순직관에 의한 것이 아니라는 것, 나아가 그러한 주관적 의미의 이해가 결국에는 사회적 행위의 규칙성의 발견을 통해 그 맥락 속에서 행해져야 한다는 점을 강조하였다.

아울러, 사회현상을 연구할 때에 연구자가 지녀야 할 바람직한 태도로서 '가치자유'적 태도를 권장하였고, 연구자가 임의로 사회현상의 특정 측면을 일그러뜨리고 과장해서라도 사회현상의 규칙성을 발견하고 그것을 규명하여 종국에는 인과적 설명을 시도해야 한다고 주장하면서 '이념형'의 고안도 곁들일 것을 제안하였다.

또한 베버가 종교를 얼마나 비중 있게 다루었는지에 대해서도 살펴보았다. 특히 현대 자본주의의 출현과 발전을 개신교의 윤리와 접목시켜 설명하는 베버를 보면서 그가 실제로 마르크스의 유령과 부단한 힘겨루기를 하고 있다는 항간의 소문이 사실일 수도 있음을 눈치 챌 수 있었다. 즉 베버는 종교와 같은 정신적 영역이 경제와 같은 물질적 영역에 지대한 영향을 미칠 수 있다는 점을 제시함으로써 마르크스와는 상반된 견해를 피력했다.

마지막으로 우리는 현대사회에 대한 베버의 양면적 시각도 접할 수 있는 기회를 가졌다. 현대사회를 도해할 때 베버가 동원했던 분석도구들인 합리화 과정과 탈미혹 과정, 그리고 세속화 과정 등에 대해서 검토하였다. 말하자면 베버는 이성과 계산가능성의 전례 없는 강조, 그리고 모든 미신적인 요소들을 일소(一掃)하려는 경향을 현대사회의 주된 특징으로 간주하였는데, 베버를 평가하는 항간의 진중치 못한 시각에서는 그러한 특징을 거론함으로써 베버가 현대사회에 대해 눈살을 찌푸리는 부정적이고 염세적인 관점만을 견지하고 있다는 주장이 그동안 스스럼없이 제기되어왔다. 그러나 우리는 이 책에서 베버가 거론한 현대사회의 특징들을 통해 그가 우려의 시선만으로 현대사회를 바라보지는 않는다는 사실을 인식할 수 있었다. 즉 베버를 비관적인 시각의 보유자로 보는 것이 일면 가능할 수는 있지만, 그것이 베버를 평가하는 모든 이야기의 끝이 아님을 깨달을 수 있었다. 특히 우리는 베버의 '쇠우리'의 정확한 번역을 통해 그 문제에 보다 가까이 접근하였다. 확실히 베버는 혹여 부정적으로 비칠 수 있는 과정들과 함께 동반되는 현대사회의 다른 과정들도 간과하지 않았다는 것이다. 그것은 바로 현대사회의 다원성이였으며 그것을 통해 인간들은 전례 없는 자유와 자율을 확보할 수 있다는 점에 베버가 시선을 고정하고 있었다는 것을 우리는 재인식하였다.

결론적으로 이제까지의 논의를 통해 우리는 뒤르켐과 베버가 현대사회학의 단단한 초석을 놓았음이 결코 부인할 수 없는 사실임을 확인하였다. 사회의 본성, 그리고 사회와 떠려야 뗄 수 없는 긴밀한 관계를 지니고 있는 종교에 대해 두 학자가 후학들과 우리에게 건네주는 이야기는 너무나 값진 것들이라고 아니할 수 없다. 특히나 전례 없이 급격한 변동에 휩싸여 끝도 없이 질주하고 있는 현대사회를 샅샅이 도해하여 담담히 그것의 진면목을 일목요연하게 늘어놓고 그것들 하나하나 걸쳐 입고 무대 위를 활보하는 그들의 자태를 보노라면 그 눈부심에 좌중이 삽시간에 압도당할 것은 명약관화하다. 그들보다 더 잘난 이들이라면 모르겠지만, 적어도 필자와 같은 범인들이라면 무대 위의 일급 모델들을 따라 해보기 위해 그들의 일거수일투족을 하나도 놓치지 않으려 애쓰며 꼼꼼히 눈여겨볼 것이다. 그런데 평범한 사회학자들은 물론 수많은 저명한 사회학자들이 아직도 그들이 귀감으로 삼아야 할 인물들로 서슴없이 그리고 주저하지 않고 뒤르켐과 베버를 꼽는 것을 보면 그들이 얼마나 현대사회학에 커다란 영향을 미쳤는지는 더욱 분명해진다. 필자의 경우도 그들의 성장盛裝을 거들어주면서 언젠가 그들을 따라 흉내 한 번 내보겠다는 다짐은커녕 이미 그들의 자태와 프로근성, 그리고 카리스마에 이미 숨이 반쯤 넘어가 혼절할 지경이다. 여러분은 어떤가? 아직도 잘 모르겠다고? 그러면 이후의 이야기들에도 신경 써 귀 기울이길 바란다. 막혔던 귀가 펑 뚫릴지…… 누가 알겠는가?

Émile Durkheim

Chapter 3

🎙 대화
TALKING

지식인마을 『뒤르켐 & 베버』 출간 기념으로 열린
뒤르켐과 베버의 선상 대담.
보스턴항에서 케이프 코드로 가는 페리호 위에서
'사회'에 관한
그들의 뜨거운 논쟁이 펼쳐진다.

Max Weber

🎙 대화

사회학의 이정표를 따라가다
뒤르켐과 베버, 버거의 선상 대담

이 이야기는 베버와 뒤르켐, 두 학자가 미국 보스턴을 방문해 보스턴항 Boston harbor에서 케이프 코드 Cape Cod로 향하는 유람선을 타고 식사를 하면서 나누는 가상의 대화다. 베버는 『개신교 윤리와 자본주의 정신』을 저술·출판하는 시기와 맞물려 그의 아내와 미국을 방문하였는데, 그 당시 미국에서는 개신교가 여전히 심심치 않은 영향력을 발휘하고 있음을 발견하고 매우 고무된 것으로 알려져 있다. 지금은 그 색채가 많이 바랜 것이 사실이지만 보스턴이 있는 매사추세츠 Massachusetts 주는 미국의 미국(실제로 이 주의 별칭은 '미국의 정신 The Spirit of America'이다)이라고 일컬어질 정도로 여전히 미국의 다른 주들 보다는 청교도적 잔영殘影이 도처에 드리워져 있는데, 그 이유로 쉽사리 추정되는 것은 실제로 청교도들이 약 400여 년 전에 매사추세츠 주의 플리머스 Plymouth에 도착하여, 보스턴을 도시로 개척하고 그곳에 정착하였기 때

보스턴과 케이프 코드를 오가는 페리. 케이프 코드의 프라빈스타운(Provincetown). 우뚝 솟은 탑은 순례자 기념탑(Pilgrim Monument). 메이플라워(Mayflower)호를 타고 대서양을 건너온 청교도들이 미국에 처음 발을 내려놓은 곳. 그들은 여기서 약 5주간 머물다가 해안을 건너 플리머스에 도착해서 신대륙생활을 본격적으로 시작하게 된다.

문이다.

이 난상토론의 사회자는 보스턴 대학Boston University의 석좌교수인 피터 버거Peter Berger로 설정했다. 오스트리아 비엔나 태생의 그는 두 학자의 사상에 정통할 뿐 아니라, 그 둘을 가장 잘 조합시켜 그만의 독특한 사회학 이론을 창안한 사람으로 유명하다. 이 가상대담을 통해 사회질서와 종교 그리고 사회학 방법론과 현대사회에 대한 양자 간의 유사점과 차이점이 드러나게 된다.

|버거| 베버 선생님, 안녕하세요? 우선 이 자리에 나와주셔서 감사합니다. 저희끼리는 독일어로 대화를 나누어도 괜찮을 것 같지만 뒤르켐 씨가 불편하실 것 같아서 대신 영어로 진행하며 좋은 시간을 보내기로 하지요. 그나저나 날씨가 참 좋네요. 이곳 보스턴은 일전에 한 번 방문하신 적이 있으시지요?

|베버| 네, 날씨가 참 좋습니다. 이런 날 보스턴 항을 떠나 케이프 코드로 배를 타고 크루즈를 하게 되다니 저로서는 행운입니다. 게다가 뒤르켐 씨와 환담을 나누고, 비록 후배지만 버거 선생도 만날 수 있게 되어 참 좋군요. 들자 하니 저에게 직접 배우지는 않았지만 당신의 책 이곳저곳에서 저에 대해서 매우 호의적으로 평가해주었다더군요. 내심 고맙다는 생각을 하고 있었습니다. 그런 참에 이런 기회를 주니 더더욱 고맙군요. 게다가 공짜 크루즈 여행에 점심까지 말입니다. 그리고 청교도들이 메이플라워호를 타고 1620년 처음 신대륙에 도착했다는 케이프 코드의 프라빈스타운에는 저도 꼭 한번 가보고 싶었습니다. 예전 미국 방문 때 거기까지는 가보지 못했거든요. 아시다시피, 저는 청교도들에게 관심이 많습니다.

|버거| 그런데 뒤르켐 선생님이 조금 늦으시네요.

|베버| 저기 뒤르켐 씨가 허겁지겁 오시는군요. 배가 떠나려면 아직 몇 분은 더 남아 저렇게 서두르실 필요는 없는데…….

|뒤르켐| 죄송합니다. 초행이고 호텔에서 여기까지 오는 데 워낙 차가 많이 밀려서요. 어쨌든 반갑습니다. 저는 뒤르켐이라고 합니다. 당신은 베버 씨? 그리고 당신은 오늘 우리의 대담을 진행할 버거 씨로군요. 당신 책에서 베버 씨와 나의 사상이 서로 대립되는 것이 아니고 상호 보완되는 것이라고 했다고 들었습니다. 저야 무슨 말씀을 하셨는지 대충 짐작이 갑니다만, 그래 사람들이 당신의 말을 이해는 합디까? 어쨌든 이렇게 초대해줘서 고맙습니다. 그나저나 이번 여행경비는 모두 한국의 유명 출판사인 김영사에서 대기로 했다지요?

|버거| 네, 그렇습니다. 제 제자인 김광기란 사회학자가 여러분에 관한 책을 그 출판사에서 출간한다고 합니다. 그 기념으로 저자가 출판사에 압력을 넣어서 이번 대담을 가능케 했지요. 저는 저에 관한 책을 먼저 낼 줄 알았는데 여러분에 대한 책을 먼저 내서 조금 서운한 감이 없진 않지만, 어떡합니까? 이미 학위는 주었고……. 기다리면 언젠가는 저를 주제로 한 연구 업적이 나오겠지요. 그건 그렇고, 이미 말씀드렸다시피 오늘은 여러분의 사상을 대략적으로 비교해보는 시간을 갖기 위해 이런 자리를 마련했습니다. 말하자면 어떤 점에서 두 분은 서로 비슷한 견해를 보이고, 또 어떤 점에서 상이한 의견을 피력하시는지 당사자들에게 직접 들어보고 싶어서요. 우선 주문을 하시지요. 웨이터!

|베버| 저는 워낙 음식에 조예가 깊지 않아서……. 왜 다 아시지 않습니까? 독일 음식이 밋밋하다는 것을요. 그래도 음식은 독일

보다 프랑스가 앞선다는 것은 누구나 인정하는 것이니, 프랑스인이신 뒤르켐 씨가 하시는 걸로 저도 따라 하겠습니다.

|뒤르켐| 바닷가이니 해산물이 좋을 것이고, 여기 얘길 들으니 뉴잉글랜드New England에서는 바닷가재를 꼭 한번 먹으라고 사람들이 얘기합니다. 버거 씨, 랍스터 괜찮지요?

|버거| 탁월한 선택이십니다. 저도 그걸 권해드리고 싶군요. 와인도 한 잔 하시지요. 프랑스산으로요. 웨이터, 피노누아로 한 병 갖다 주시겠소?

　자, 그럼 음식이 나오기 전에 포도주 한 잔씩들 하시면서 대담을 시작하지요. 먼저 제가 사회자로서 운을 떼기로 하겠습니다. 제가 생각하기에 선생님 두 분은 모두 사회의 본질에 대해 소름 돋는 말씀을 해주신 것 같습니다. 무슨 말이냐 하면, 우리가 사는 사회의 질서가 어떻게 가능한가에 대한 답을 해주시는 데 있어 평범한 이들이라면 생각지도 못하는 말씀을 해주신 걸로 기억합니다. 흔히 사람들, 심지어 대부분의 학자들도 사회는 계약으로 이루어진 것이라고 보고 있는 듯합니다. 이런 계약은 매우 냉철한 합리성 혹은 합리적 이성에 근거한 것으로 보고 있기 때문에 사회질서와 사회세계의 근간은 바로 합리성이라고 생각하고 있는 듯합니다. 그러나 두 분 선생님은 그와는 전혀 다른 견해를 보이시고 계시지요? 이에 대해 간략히 말씀해주시지요.

|베버| 먼저 제가 말씀 드리겠습니다. 선생님께서 제기해주신 말씀에 제 사상의 요지가 있다고 생각합니다. 기본적으로 인간은 광물·동물·식물 등과는 달리 생각할 수 있고, 느낄 수 있는 마음을 지니고 있습니다. 이렇게 복잡하고 미묘한 메커니즘을 지니고 있는 사람들이 유도해내는 인간관계와 사회질서란 몇몇 단순화된 이론이나 분석을 통해 설명되고 이해될 수 없는 매우 복잡한 것입니다. 물론 그런 현상들을 설명하기 위해 동원되는 어떤 이론이나 변수들이 죄다 허탕을 치는 무의미한 것들이라고는 말하지 않겠습니다. 나름대로 잘 고안된 이론을 가지고 어떤 현상을 무리 없이 설명할 수 있을 것입니다. 제가 말씀드리고자 하는 것은 아무리 그것이 가능하다고 하더라도 인간관계와 사회질서는 그것만으로는 해결이 안 되는 부분이 반드시 있다는 것입니다.

이것은 어떤 사회현상이나 질서를 해석하려고 하는 학자나, 전문가 혹은 제삼자인 관찰자에게만 해당하는 문제가 아닙니다. 그 현상을 일으킨 당사자들에게도 관련되는 문제입니다. 어떤 현상의 설명과 해석에 동원되는 것은 이성, 즉 합리적인 이성일 것입니다. 우리는 그것을 통해 사회현상과 질서를 재단하고 분석하며 설명하고 이해하려 합니다. 그러나 그렇게 해결되는 것 너머의 '무엇'이 있습니다. 이것은 합리적 이성만으로 설명되지 않는 부분이 있다는 것이며, 동시에 사회현상이나 사회질서가 발생하는 조건에 있어서도 합리적 이성에 근거한 계약과 같은 것이 아닌 다른 '무엇'이 반드시 하나의 중요한 조건으로 포함되어야 한다는 것을 말해주는 것입니다. 한마디로 얘기하자면, 사회에는 인간의 합리성과 이성을 넘어서는 '그 이외의 무엇'이 함

께 도사리고 있다는 것입니다.

|버거| 맥락은 다르지만, 베버 선생님께서 말씀하신 '의도하지 않은 결과'가 바로 '그 이외의 무엇'에 포함되는 것입니까?

|베버| 그렇다고 보아야 하지요. 물론 방금 말씀드린 '그 이외의 무엇'에는 굳이 말하자면 합리성을 넘어선 영역, 즉 비합리성 혹은 초합리성의 영역을 말합니다. 사회적 행위를 하는 데 있어서, 그리고 그러한 행위를 함으로써 나타나게 되는 사회질서가 꼭 합리성에 근거한 계약에만 의거한다는 것을 거부하기 위한 것이지요. 설혹 백번 양보해서 사회질서가 계약에 의거한다는 것을 수용한다고 하더라도, 계약이 성립하기 위해서는 이미 그곳에 비계약적인 요소가 반드시 사전에 개입되어 있다고 저는 보고 있습니다.

그리고 버거 씨가 말씀하신 '의도하지 않은 결과'도 제가 말하고자 하는 것의 매우 좋은 본보기가 될 수 있지요. 이제까지 우리는 어떤 현상이나 행위가 일어나기 직전의 상황에서, 즉 그런 현상이나 행위가 발생할 수 있는 '조건'(합리성을 넘어선 무엇)에 대해 말씀드렸다면, 당신이 예로 든 '의도하지 않은 결과'란 특정의 행위들이 종료된 후에 발생하는 결과와 관련이 있습니다. 아무리 인간들이 합리적인 이성을 가지고 치밀한 계획을 통해 자기 행위의 결과를 예측하여 일을 벌인다고 하더라도(즉 어떤 것을 목표로 하여 행위한다고 하더라도), 그 예상을 빗나가는 예기치 못한 엉뚱한 결과들이 반드시 일어나기 마련입니다. 저는 이것을 인간이 지닌 하나의 숙명적인 비극이라고 보고 있습니다만, 세상을 매우 비관적으로 보는 이들은 이를 인간들이 자기 한계를 맛보게 하는 매우 좋은 본보기라고 여기면서 긍정적으로 평가하기도 합니다.

|버거| 베버 씨의 말씀을 요약하자면 인간의 사회적 행위의 시초 혹은 사후, 어디에서나 인간의 합리적 이성을 넘어서는 영역과 요소들이 함께 포진해 있다는 것을 말씀하시는 것 같군요. 이 주제와 관련해서는 뒤르켐 씨도 하실 말씀이 꽤 많으실 텐데요.

|뒤르켐| 하여간 버거 씨는 나의 의중을 꿰뚫고 있는 것 같아서 어떨 땐 섬뜩하다니까요. 맞습니다. 맞고요. 저도 베버 씨와 말하는 구체적인 내용에 있어서는 차이가 있지만 대략적인 맥락은 비슷합니다. 한마디로 간단하게 말하자면, 제가 보는 사회는 비합리적인 것입니다. 일종의 정신착란 같은 것이 사회라고나 할까요. 사회 전체의 구성원들이 집단적으로 '홱' 돌아 있는 상태, 그것이 저는 사회의 본질이라고 보고 있습니다. 그 정도가 심하면 심할수록 그 사회는 통합이 잘된 사회이고, 그 반대 상황이면 통합이 덜 된 사회이겠지요. 그리고 통합이 잘된 사회일수록 사회의 성원들은 자기 자신이 집단적으로 꼭지가 '홱' 돌아 있다는 것을 간파하기가 무척 어렵습니다. 모두가 자신은 정상이라고 생각한다는 것이죠. 그리고 외양으로나 행태적으로, 그리고 견해에 있어서 자신과 차이가 나는 사람들을 비정상적이라고 딱지 붙이기 쉽습니다. 그런데 제가 볼 때 그들이 그렇게 하는 진짜

이유는 차이 때문이 아니라 차이를 보이는 자들이 자기들처럼 같이 '홱' 미쳐 있지 않았기 때문입니다. 차이를 보이는 자들을 정상으로 규정할 경우, 자신이 '홱' 돌아 있다는 것을 자각하는 것은 그야말로 시간문제이기 때문이죠. 이것은 매우 불편한 상황을 초래합니다. 일반인들은 사회학자가 아니면서도 이러한 점들을 이미 알고 있다고 저는 믿고 있습니다.

|버거| 일반인들도 일종의 사회학자군요. 그런 말씀은 제 자신, 그리고 저와 비슷한 학문적 전통에 속해 있는 가핑켈과 같은 사회학자가 힘주어 말했던 주장이기도 합니다. 그렇다면 통합이 덜 된 사회에서는 사태가 다른 방식으로 전개되겠습니다. 그렇지 않습니까?

|뒤르켐| 그렇다마다요. 통합이 덜 된 사회에서는 대부분의 사람들이 자기 주위에는 비정상적인 사람들로 가득하다고 여깁니다. 말하자면, 여기를 둘러보아도 저기를 둘러보아도 모두 이상한 이들만 있는 것같이 느껴지기 십상이라는 겁니다. 이런 상황에서는 누가 정상이고 누가 비정상인지에 대한 기준의 합의가 쉽게 일어나지 않습니다. 왜냐하면 성원들 모두가 함께 '홱' 꼭지가 돌지 못해서 그렇지요. 제 개인적으로는 이러한 상황을 더 선호합니다. 어느 정도는 한 울타리 안에 처해 있지만 전체가 함께 미쳐 있지는 않은 상태, 그래서 운신의 폭이 조금은 넉넉한 상태, 그런 상태를 저는 더 바람직한 것으로 보고 있습니다. 이점에 있어서는 베버 씨도 마찬가지이실 것 같은데요.

|베버| 네, 그렇습니다. 왜냐하면 그래야 인간들이 함께 살면서도 개개인의 자율성과 자유가 보장되거든요.

|버거| 잠시만요. 두 분 대화를 끊어서 죄송합니다만, 이 대목에서 자연스럽게 두 분의 대화가 종교의 주제로 넘어갈 수 있을 것 같아서 끼어들었습니다. 지금의 대목이 종교와 연결되는 것이 가능하지요?

|베버| 그렇습니다. 그러나 합리성과 관련해서 뒤르켐 씨와 저의 견해가 다른 부분 하나는 짚고 넘어가야겠습니다그려. 대충 뒤르켐 씨 이야기를 들어보니 저와의 차이점이 드러나는군요. 뒤르켐 씨가 직접적으로 언급하지는 않았지만, 뒤르켐 씨 심중에는 사회라고 하는 것 자체를 비합리성의 덩어리로 간주하시는 것 같군요. 저도 그런 견해가 어떤 맥락에서 제기되었는지는 잘 이해하겠습니다. 그리고 사회를 이루는 매우 중요한 핵심에 비합리성이 도사리고 있다는 것도 전적으로 견해를 같이합니다. 그렇다고 하더라도 사회적 삶 속에서 합리성이 전혀 포착되지 않는다고는 보지 않습니다. 물론 뒤르켐 씨 식으로 보자면 그런 합리성조차 사람들이 함께 미치지 않으면 합리적이지 않은 것이라고 조금 형이상학적으로 주장하실 수도 있지만 어쨌든 저는 우리의 사회적 삶 속에는 합리성과 비합리성 모두가 존재한다는 생각을 견지하고 있습니다.

|뒤르켐| 굳이 깊게 파고들자면 차이가 나타나지 않을 수 있겠습니까마는 제가 볼 때 큰 테두리 안에서는 베버 씨와 제가 서로 비슷한 견해를 가지고 있는 것은 분명하다고 생각합니다. 그건 그렇고 종교에 대한 문제에 있어서도 베버 씨는 저와 같은 생각을 견지하고 계신 것으로 압니다. 이를테면, 우리의 사회적 삶에 있어서 눈에 보이는 물질적인 측면보다 눈에 보이지 않는 비물질적인 측면을 강조하는 점, 그리고 그 일환으로 베버 씨나 제가 종교를 연구의 핵심적인 주제로 삼았다는 점에서 그런 것 같습니다.

|베버| 물론입니다. 그러나 제 생각에는 종교를 더 중요한 것으로 고려하는 연구자의 개인적 태도 때문에 저나 뒤르켐 씨가 단순히 종교를 연구의 주제로 삼았다고는 보지 않습니다. 제가 보기에 실제적으로 종교가 사회에 미치는 영향력이 대단하기 때문에 저나 뒤르켐 씨가 사회를 다루는 데 있어 종교를 소홀히 할 수 없었다고 봅니다. 아닌가요?

|뒤르켐| 지당하신 말씀이십니다.

|버거| 제가 끼어들 틈이 전혀 보이질 않는군요. 워낙 대단하신 분들이라…. 그러나 종교사회학이 전공인 제가 볼 때, 이론적으로 두 분이 종교와 관련해서는 조금 견해 차이가 있는 줄로 아는 데요.

|베버| 그럴 겁니다. 우선 개인적으로 저는 특정 종교를 가지고 있지는 않았지만 종교에 남다른 관심을 가지고 있던 것은 사실입

니다. 그 예로 제가 19살 므렵에는 『구약성서』를 원어로 읽고자 히브리어를 독학하기도 하였으며, 그 후로도 많은 종교 관련 서적을 손에서 떼지 않았습니다. 제 집사람이 쓴 전기에도 나오지만 개신교적 전통에 많이 경도된 것은 사실입니다. 그런 점에서 저의 종교 개념은 여느 평범한 종교인들의 그것과 많이 다르지 않습니다. 예를 들자면 종교에 초월적인 어떤 힘, 존재 등을 모두 포함시킵니다. 즉 저의 종교에는 천사, 악마, 하나님 등의 존재들이 당연히 구성 요소로 포함됩니다. 물론 저의 종교사회학에는 "사람들이 무엇을 믿는가?"도 매우 중요한 주제 중에 하나입니다. 그리고 그런 질문을 배경으로 하여, 더 나아가 종교가 사회 전반에 미치는 힘에 관한 사항도 저의 종교사회학의 중요한 주제 중에 하나였습니다.

|뒤르켐| 바로 베버 씨가 지적하신 몇 가지 사안에 비추어 보면 저의 경우는 베버 씨와 많은 차이가 있습니다. 우선 저의 종교사회학은 "사람들이 무엇을 믿는가?" 또는 "그들의 종교적 행위는 어떤 것이 있는가?" 등에는 아무런 관심이 없습니다. 대신 저는 "종교가 과연 무엇을 하는가?"에만 관심을 집중했습니다. 한마디로 "종교가 사회에 매우 중요한 기능을 수행하고 있는데, 과연 그것이 무엇인가?"에 초점이 맞추어져 있었습니다. 앞서 말씀드렸다시피 종교는 사회질서를 보장하고 있고, 사회 자체가 종교라는 것이 제가 내린 결론이었지요. 당연히 제가 보는 종교에는 천사와 악마 그리고 하나님 같은 초자연적 존재가 그 구성 요소에서 제외됩니다.

|버거| 그러나 어쨌든 사회에서 종교의 힘을 간파하시고 그것을 사회학적 탐구의 화두로 삼으셨다는 데 있어서는 두 분 모두 교감하는 부분이 많습니다. 그러면 이제는 두 분이 개척하셨던 사회학 방법론에 관한 얘기로 넘어가기로 하지요. 사회학의 이정표를 놓은 거목으로 꼽히고 계시는 두 분이 직접 간략하게 방법론에 관한 사항을 요약해주시지요.

|뒤르켐| 제가 먼저 할까요? 제가 볼 때 베버 씨나 저나 '사회' 자체를 '문제화'하여 사회학의 주제로 삼은 데에는 차이가 없는 것으로 보입니다. 그리고 이와 관련해서 저에 관한 고질적인 오해가 있었던 것으로 아는데, 이 기회에 분명히 짚고 넘어가고 싶은 것은 제가 '사회' 자체를 문제화했다고 해서 '사회'를 요새 말로 '물화'^{reification}시킨 적은 없다는 것입니다. 많은 사회학자들은 방법론과 관련하여 '사회학적 사실을 사물처럼 취급해야 한다'라는 저의 주장을 심각하게 곡해해서, 마치 제가 사회적 사실을 사물^{thing}로 간주한 듯 보는 모양입니다. 이에 저를 추종한다고 공언하고 있는 학자들이나 반대로 비판하는 학자들 모두 제가 사회적 사실을 물화시킨 것으로 오해하지만 저는 그렇게 생각했던 적이 추호도 없음을 밝힙니다. 제가 노렸던 것은 '사회적 사실을 그것 자체로 주제화하라'는 것을 말하고자 함이었고, '사회적 사실'이 결국은 '집합적 실체', 즉 '집합표상(의식)'이라는 것을 강조하는 것이었습니다. 이 점에 있어서는 베버 씨도 마찬가지 견해를 견지하는 걸로 압니다.

|베버| 예, 저도 사회를 '물화'시키는 것에 대해 직접적으로 경고한 바 있습니다. 하지만 뒤르켐 씨와 저의 차이를 굳이 꼽아보라면, 아마도 제가 개체를 강조했다면 뒤르켐 씨는 집합을 강조했다는 것이 되겠네요. 그래서 후대의 학자들이 저의 것을 '방법론적 개인주의methodological individualism'라고 하고 뒤르켐 씨의 시각을 '전체론적 관점holistic view'이라고 한다지요?

|뒤르켐| 어느 정도는 인정할 수 있겠습니다. 그러나 선생님이나 저나 잘 따져보아도 그다지 큰 차이는 드러나지는 않습니다. 오히려 더 자세히 들어가면 그 차이는 모호해진다고 생각합니다. 예를 들면 베버 선생님의 경우, 비록 개인을 강조한다고 하지만 일정한 제 규칙성의 발견을 사회학적 탐구의 목적으로 삼았다는 점에서, 방법론적 개인주의에 국한하지 않고 전체적인 관점을 강조하신 걸로 보입니다. 제 경우도 마찬가지입니다. 비록, 개개인을 뛰어넘는 사회 전체를 주 탐구의 대상으로 삼았지만 결국 사회적 사실이 개개인의 행위와 믿음에 근거한다고 보았다는 점에서 결코 하나하나의 개인을 무시하지 않았습니다. 따라서 저를 단순히 '전체주의적 관점'의 주창자로 한정시키는 것에는 유감을 표할 수밖에 없습니다

|버거| 이제 이번 대담의 마지막 주제를 건드릴 차례입니다. 현대 사회에 대한 두 분 선생님의 고견을 듣고 싶습니다.

|베버| 현대사회, 이것 문제가 많아 보입니다. 그러나 현대사회가

태동하게 된 시점과 맞물려 있는 제반 현상들을 곰곰이 따져보면 그러한 문제점들을 상쇄하고도 남을 긍정적인 측면을 발견하는 것이 불가능하지만은 않습니다. 제가 볼 때 현대사회는 자본주의의 발전과 함께했고, 자본주의는 개신교의 발흥과 긴밀한 관련을 맺습니다. 양자에는 인간이 지키고 가꾸고, 누려야 하는 좋은 가치들이 포함되어 있는 것이 사실입니다. 문제는 이런 좋은 가치들이 우리의 인상을 찌푸리게 하는 나쁜 것들을 동반하기 마련이라는 것입니다. 개인적인 생각으로는 이렇게 동반되는 나쁜 점들 때문에 좋은 점을 외면하거나 그것을 깎아내려서는 안 된다는 것입니다. 그런 점에서 저는 과거의 사회로 돌아가고자 하는 복고적이고 회귀적인 경향에는 반대입니다.

|뒤르켐| 저도 기본적으로 베버 씨와 비슷한 견해를 지니고 있습니다. 그러나 조금 다른 맥락에서 저의 견해를 피력할 필요가 있습니다. 사실 제 경우 이 주제와 관련해서는 매우 복잡한 심경을 가지고 있습니다. 아시다시피 사회통합에 지대한 관심을 가지고 있는 저로서는 과거 전통사회에 비해 통합의 정도가 비교할 수 없이 미약하기만 한 현대사회에 대해서 환영 일색으로 반길 수만은 없는 입장입니다. 그렇다고 군건한 사회통합이 일종의 집단적 광기와도 같은 종교적 현상임을 간파하게 된 저로서는 견고한 사회통합을 보이는 과거사회를 무조건적으로 찬양할 수도 없는 입장입니다. 그러면 제가 취하는 입장은 무엇일까요? 궁금하시죠? 솔직히 말씀드려서 저는 사회는 있어야 한다고 생각합니다. 왜냐하면 인간은 사회 내에서 비로소 인간이 될 수 있다고 믿기 때문

입니다. 게다가 인간은 혼자서는 도저히 살 수 없는 존재 아닙니까? 이 말은 곧 사람들은 함께 미칠 필요가 있다는 얘기입니다. 그러나 그 위험성을 알고 있기에 미쳐도 조금 살살, 심하지 않게 미치기를 희망하는 것이지요. 이 이야기는 사회통합이 느슨한 상태의 사회를 말합니다. 그리고 현대사회가 바로 이런 상태의 한 가지 예라고 생각합니다. 이것이 바로 여러 가지 부정적인 측면에도 불구하고 제가 현대사회를 옹호하는 이유입니다.

|버거| 현대사회가 안고 있는 여러 가지 문제들 이를테면, 소외·아노미·각종 범죄 등에도 불구하고 인간의 자유와 존엄성이 부각되는 다원적 상황에 두 분 선생님 모두 후한 점수를 주시는 것 같습니다. 아시는지 모르겠지만, 저도 비슷한 견해를 가지고 있습니다. 말씀을 나누다 보니 어느덧 케이프 코드에 거의 다 와가는 것 같군요. 저기 프라빈스타운이 보입니다. 내리셔서 이것저것 둘러보시고 뜻 깊은 여행이 되시길 바랍니다. 이렇게 대담에 참여해주셔서 대단히 감사합니다.

Émile Durkheim

Chapter **4**

이슈
ISSUE

내가 속한 사회에서는 아주 당연하게 여기는 것들이
다른 사회 속으로 들어가면 비상식적인 것이 되는 경우가 있다.
물론 그 반대의 경우도 있어 우리는 서로를
비정상이라며 헐뜯고 몰아세우기도 한다.
이른바 문화상대주의를 따른다면 너도 옳고, 나도 옳은 것이 되지만
과연 그렇게 간단한 문제일까?

Max Weber

👀 이슈

그들만의 리그
'정상'과 '비정상' 사이

백조를 본 적이 있는가? 매끄럽게 뻗은 목선을 위시한 우아한 자태와 세련된 몸놀림…….

미국 유학 당시 필자가 살았던 집 주위의 크고 작은 연못과 호수에는 백조가 한가롭게 노니는 풍경을 어렵지 않게 볼 수 있었다. 백조를 눈앞에서 처음으로 생생하게 맞닥뜨리게 되었을 때 절세미인을 마주 대할 때처럼 아찔해지는 것을 느낄 수 있었다. 아마도 이것이 대부분의 사람들이 가지게 되는 백조에 대한 첫인상이고 느낌일 게다. 그런데 그런 백조를 아주 흉물 취급을 하며 '왕따'시킨 유일한 존재가 있다. 바로 오리들이다. 오리들 사이에서 백조는 우아한 백조가 아니라 단지 미운 오리새끼일 뿐이었다. 그래서 미운 오리새끼는 자기가 흉물스런 오리인지라 영영 예쁜 오리새끼 무리에 끼지 못할 것이란 사실을 알고 미운 털이 박힌 자신의 신세를 한탄하며 오리들의 울타리를 아무 대책 없이 벗어나 인고의 세월을 맞게 된다. 그러나 시간이 많이 지난 어느 날 우아한 자태를 뽐내며 연못으로 날아드는 새(백조)들에 넋이 나간 사이 그렇게 멋진 새들이 흉물스런 자신에게 다가오는 것을 보고 또 한 번 놀라며 부끄러워 어쩔 줄 몰라 하는데, 그보다 더 놀랄 일은 그 멋진 새들이 자기를 보고 친구를 하자고 말을 건넨 것이다. 그때 연못 물에 비친 자신의 모습을 보며 미운 오리새끼는 그제야 자신이 그 멋진 백조임을 알게 된다.

그렇다, 바로 그 얘기다. 안데르센의 유명한 동화〈미운 오리새끼〉. 얼마 전 필자는 뉴욕의 센트럴 파크Central Park의 안데르센 동상 앞을 산책한 적이 있는데, 그 동상 앞의 작은 연못가에 노닐던 백조와 오리들을 보고 싱겁게 피식 웃었던 기억이 있다. 멋진 백조가 오리들에겐 단지 미운 오리새끼로 취급되어 구박데기가 된 이 웃지 못할 촌극의 경험을 필자도 요즈음 겪고 있어 미운 오리새끼와 필자의 처지가 오버랩되었기 때문이다. 뜬금없이 무슨 이야기냐고? 필자는 슬하에 아이들 셋을 두고 있다. 이 아이들을 데리고 외식이나, 놀이공원 나들이를 할라치면 많은 사람들이 안 보는 척하면서 유심히 우리 가족 외출을 쳐다보는 것을 감지할 수 있다. 한국에서 말이다. 그러나 미국에서는 그런 경험이 전혀 없다. 물론 미국에서도 우리 아이들을 쳐다보기는 한다. 동양 아이들이고 이국적이라 예쁘다고 쳐다보는 것이지 아이가 셋이기 때문에 쳐다보는 것이 아니다. 무엇이 다른가? 왜 다른가? 다들 알다시피, 한국은 요즈음 출산율 저하라는 심각한 문제에 봉착해 있다. 2006년에 미국의 한 인구통계연구소가 발표한 보고서에 의하면 한국 여성은 평생 평균 1.1명을 출산해 세

계 최저의 출산율을 기록하고 있다. 이런 상황에서 한국에서 애를 셋씩이나 낳아 기르는 것은 야만인쯤으로 취급받는 것이 당연한 일일 게다. 왜냐하면 이런 상황에서 아이들을 많이 낳아 기르는 것은 정상적으로 보이지 않기 때문이다. 필자가 만난 어떤 이는 필자의 자녀 수를 물어 대답해주었더니 그 일성一聲이 다름 아닌 "종교가 가톨릭이신가요?"였다. 보아하니 교육을 많이 받은 것 같은데 애를 많이 낳았다는 것은 피임을 하지 않았다는 것이고 그것은 아마도 피치 못할 사정, 이를테면 피임을 죄악시하는 가톨릭과 같은 종교를 가지고 있기 때문일 거라고 나름대로 추론했던 모양이다. 하여튼 자녀가 하나도 없었던 그 사람에게 있어서는 필자 같은 이는 비정상으로 보였던 것이 분명할 게다. 그러나 미국으로 가면 사정은 많이 달라진다. 이성끼리 결혼한 사람들이라면 애를 갖는 것은 당연한 일이고 그것도 극히 예외적인 경우를 제외하고는 자녀 수에 커다란 신경을 쓰는 것 같지는 않다. 따라서 아가 하나나 둘, 그리고 그 이상 가진 사람들이 비일비재하다. 그런 상황에서 필자와 같은 경우는 극히 정상에 속한다. 아주 정확히 한국과는 반대이다. 그러면 이 이야기를, 그것도 사적인 필자의 가족사를 예로 들어 굳이 꺼내는 이유는 무엇일까? 그렇다. 눈치 챌 사람은 이미 눈치 챘다. '정상'과 '비정상'에 관한 이야기를 하기 위해 이 이야기를 꺼내게 되었다. 이 논의를 위해 구질구질한 필자의 가족사는 잊어버리고 다음의 예들에 주목해주길 바란다.

◆ 키르기스스탄의 신붓감 납치 사례

중앙아시아 북부의 인구 500만의 작은 나라인 키르기스스탄에서는 길거리에서 처녀를 강제로 납치해 결혼하는 풍습이 아직도 남아 있고 실제로 이 나라의 기혼녀 가운데 절반 이상이 납치되어 결혼하였다고 《뉴욕 타임스 New York Times》가 보도하고 있다. '알라 카추(붙잡아서 뛰어라)'로 불리는 이 신붓감 납치 풍습은 12세기부터 지속되어왔는데, 혼기를 맞은 총각들은 예비 신붓감의 리스트를 만들어 신부를 납치하기도 하지만 간혹 우연히 눈에 띈 여자를 백주에 길거리에서 무작위로 납치하기도 한다. 납치된 여자들은 남자의 가족들, 특히 그와 같은 방식으로 납치돼 그 남자

의 가족의 일원이 된 여자들에 의해 설득이 시도된다. 강제로 납치된 여자들은 대개 격렬히 저항하지만 그중 약 80퍼센트는 결혼을 승낙하고 만다. 그러나 끝까지 저항해서 자살하는 여자들도 더러 있다. 이 납치 관행은 구소련 시절부터 법으로 금지되었으나 집행된 경우는 매우 드물다. 심지어 여자가 납치되어 살해되었다고 하더라도 납치를 기도한 사람들이 처벌받는 경우는 거의 없다. 혼기를 맞은 딸을 둔 한 남자는 기자와 가진 인터뷰에서 "납치한 사람의 뜻이 딸의 의사보다 더 강하다면 그에게 딸을 맡길 것"이라고 대답했다고 《뉴욕 타임스》는 전하고 있다.

◆ 에티오피아의 수르마족 여인들의 사례

에티오피아와 수단의 국경지에 위치한 오모^{Omo}강 주변에는 원시 부족들이 살고 있는데 그중 '피의 민족'이라 불리는 수르마^{Surma}족이 있다. 이 부족이 유명해진 것은 부족의 호전성 때문만이 아니고 이 부족이 가지고 있는 독특한 풍습이 알려지고부터이다. 결혼한 수르마족 여자들은 아랫입술과 귀에 구멍을 내고 원형 모양의 틀을 끼우는데 이렇게 만들어진 구멍은 처음엔 작은 크기에서 시작하지만 점점 그 크기가 커진다. 여자들이 그렇게 하는 이유는 큰 구멍을 지닌 여자일수록 미인으로 간주되기 때문이다. 즉 아랫입술과 귀의 구멍의 크기가 수르마족의 여자들의 미의 척도인 셈이다.

위의 사례를 보고 어떤 느낌이 오는가? 보통의 한국인이라면 고개를 갸우뚱거릴 가능성이 높다. 아니면 자신이 이국적인 문화를 대하는 태도가 아주 관대하다고 여기며 아무렇지도 않다고 애써 태연한 척하는 이도 아주 없지는 않을 것이다. 그러나 그렇게 태연한 척하는 이들이라도 당신이 그 나라에 가서 그렇게 하고 한번 살아보라는 요구가 있다면 아마도 그들의 다수는 고개를 절레절레 흔들고 정중하게 그 요구를 물리칠 것이 분명하다. 왜냐하면 한마디로 우리에게는 앞에서 예로 든 풍습과 관행이 이상해 보이기 때문이리라. 즉 정상인 것으로 여겨지지 않는다는 얘기다. 그런데 어떡하랴! 그들에겐 그들의 풍습과 관행이 극히 정상적인 것을……. 그래서 키르기스스탄의 총각들은 결혼하고 싶으면 결혼정보센터의 문을 두드리지 않고 보쌈을 해 올

여자들의 명단을 작성하고 납치에 사용할 차량을 준비하고 여자들을 스토커처럼 미행하게 될 것이다. 또한 미인으로 눈길을 끌고 싶고 가축들이 풍부해 여유가 있는 집에 시집을 가고픈 수르마족 여자들이 있다면 그들은 얼굴 마사지나 쌍꺼풀 수술 등을 하지 않고 의당 자신의 입술과 귀의 구멍을 더 늘려 줄 수 있는 큰 원형의 틀을 구하려 목공소로 달려갈 것이다.

그런데 여기서 잠깐!

반드시 짚고 넘어가야 할 것이 있는데 그것은 바로 나를 포함해 한국 독자들이 그들을 이상하게 여기는 것과 똑같이 그들의 눈에도 우리가 이상하게 보인다는 것이다. 한마디로 피차 피장파장이라는 것이다. 그런데 필자는 여기서 구태의연한 '문화상대주의'를 운운할 생각은 없다. 말하자면 단순히 문화에 관한한 '자민족중심주의ethnocentrism'를 버리라고 충고하기 위해 이 이야기를 진행시키고 있는 것이 아니라는 것이다. 그런 단순한 얘기를 하려 했으면 애초에 이런 예들을 꺼내지도 않았다.

그러면 도대체 무슨 이야기를 하려 하느냐고 묻고 싶을 것이다. 그에 대답은 간단하다. 뒤르켐과 베버가 직·간접적으로 제기한 "사회는 우리 모두가 미치지 않으면 안 된다"는 주장에 쐐기를 박으려 한다. 사회는 서로가 누구라고 할 것 없이 자신들의 시각을 찌그러트려 같은 것을 보는 사람들이 모인 것이다. 모두가 동일하게 뒤틀려서 동일한 것을 보는 것, 그것 자체가 성원들이 미쳤기에 가능하다는 얘기를 하고자 함이다. 이왕 말이 나온 김에 위에서 사례의 하나로 거론되었던 키르기스스탄의 손님 접대 문화의 예를 하나 더 들어보기로 하자. 키르기스스탄의 손님 접대

문화가 참으로 독특하기 때문이기도 하지만 현재 우리의 논의에 매우 적절한 것이기에 소개할 필요가 있다. 그들은 손님(특히 이방인)이 오면 대접을 잘하기로 소문나 있다. 그들은 방문객과 어느 정도 우정이 싹트면 손님을 위해 양이나 염소를 잡아 하늘에 제사를 지내고 그것들을 삶아 손님에게 식사 대접을 한다. 그들은 양과 염소의 머리를 손님에게 내놓는데 특히 양과 염소의 눈알은 손님만의 차지다. 손님은 그 눈알을 꺼내 반을 먹고 자신을 대접해준 새로운 친구들 중에서 다음에 또 가장 보고 싶은 이에게 나머지 눈알의 반을 건넨다. 그 의미가 무엇인지 짐작이 가는가? 눈알을 같이 반반씩 나누어 먹음으로써 이제는 대접하는 이와 손님이 같은 것을 보는 친구가 되었다는 것을 선포하는 것이다.

이렇게 볼 때 두 가지 결론이 도출된다.

첫째, 이런 식으로든 저런 식으로든 우리는 모두 함께 미쳐 있다. 같이 미쳐 있는 것이 사회이고 집단이다. 사회와 집단은 결국 우리가 모두 함께 미쳤기에 존립할 수 있는 것이다. 그것이 바로 사회가 사는 방식이다.

이 책의 서두에서 거론되었던 몇 가지 에피소드들, 황우석 씨 관련 자살 소동, 2002년 월드컵, 영어 열풍 속에 아이들의 혀를 째는 촌극, 그리고 판교의 대박을 꿈꾸기 위해 부부가 위장이혼 하는 것 등의 모든 예들은 이제까지 논의해왔던 바로 사회와 집단이라는 것의 본성에 대해 피부로 직접 느낄 수 있게 해주는 훌륭한 것들이라고 할 수 있다. 한 과학자의 연구에 대해 여러 사람이 자신의 목숨까지도 담보로 하면서 열광하는 것, 지구상의 수많은 인류의 언어 중에서 유독 한 언어에 대해 가지는 집착과 열등감, 조그마한 직육면체의 시멘트로 이루어진 공간에 자신의 모든 것을 걸어버리는 열정과 무모함 등등의 예들을 보며, 사회와 집단이란 것이 결국은 개개의 사람들이 모두 함께 동일하게 한곳을 바라보며, 그것을 가치 있게 생각함으로써 위안을 창출해내는 하나의 방편이라는 인식을 갖게 된다. '내'가 보고 느끼는 것을 '남'도 그렇게 동일하게 한다는 것을 인식함으로써 '나'는 삶의 의미와 힘을 얻게 되는 것이다. 그것이 바로 사회의 본질이며, 드러나지 않은 진면목은 바로 모두가 미쳐 있다는 것이다.

 미친 것은 미친 것이다. 설사 대부분의 사람들이 그것을 깨닫지 못할 뿐만 아니라, 눈에 쌍심지를 켜고 자신들이 미쳤다는 것을 부인한다고 할지라도, 그런 일상인들의 쾌도나 거부에 의해 엄연히 존재하는 사회성원 모두가 미쳐 있다는 사실이 부정되지 않는다. 잔뜩 낀 구름이 해를 가릴 수는 있겠지만 해가 없어지지 않는 것과 마찬가지로 말이다. 그래서 미친 것은 미쳤다고 밖에 얘기하지 않을 수 없는 것이다. 우리가 여기까지의 논의를 그럭저럭 받아들일 수 있다면, 어두운 그림자가 드리운 얼굴을 지닌 사회에 대해 묘사하는 것이 비로소 가능해진다. 그 하나는, 우리가 모두 미쳤다는 사실은 곧 사물과 사태를 직시하지 못한다는 것을 의미한다. 우리는 좋든 싫든 어떠한 사물과 사태를 반드시 미쳐 있는 눈으로 찌그러뜨려 보게 된다. 또한, 그것을 통해 왜곡되고 호도된 진실은 주위의 함께 미친 동료들에 의해 맹신되며, 그러한 믿음에 대해 혹여 의문을 품는 사람들 혹은 그럴 가능성이 농후할 것으로 추정되는 인물들(대표적 예로는 국외자나 또는 이방인 등)에 대해선 배타성을 보이게 된다. 그러한 배타성을 통해 그들의 맹신은 더욱 공고화된다. 즉, 한 집단 성원들의 단결은 곧 타집단에 대한 배타를 의미하고, 그들 간의 맹(확)신은 다른 것에 대한 의심, 폄훼, 그리고 무시와 부인을 의미하며, 그들 간의 사랑과 정은 다른 것에 대한 싸늘함과 잔인을 의미하는 것이다. 그리고 이 이야기는 다음의 두 번째 결론과 직결된다.

둘째로 도출될 수 있는 결론은 이것이다. 즉, 정상과 비정상은 결국 '**사회적 정의**^{定義}'의 문제라는 것이다. 따라서 정상과 비정상의 구분은 "서로 다르게 미침"으로 확정된다. 이쪽 한편에서는 저쪽의 미친 것이 확연히 보이는데 정작 자신들이 미쳤다는 것은 콩깍지가 눈에 씌어서 전혀 눈치 채질 못한다. 그렇게 되면 이쪽 편의 모든 것들은 정상으로 보이고 저쪽 것은 비정상으로 보인다. 그와 다른 편에서도 이와 똑같은 현상이 벌어지는 것은 당연한 일이다.

그런데 한 가지 강조하고 싶은 것은 이렇게 인간들이 모두 함께 미쳤기에 사회가 가능하다는 인식은 단순한 '문화적 상대주의'에 머물지 않고 거기서 벗어나게 해준다는 데에 커다란 의미가 있다. '어떻게' 그리고 '왜' 그럴 수가 있는가? '문화적 상대주의'는 한마디로 요약하면 "너네도 옳고, 우리도 옳다" 즉 "너네도 정상, 우리도 정상이다"가 된다. 그러나 이제까지 우리가 진행해온 논의는 이와는 사뭇 다르다. 즉 필자는 이렇게 말한다. "너네도 미쳤고 우리도 미쳤다"라고 말이다. 이렇게 되면 필자의 논의는 '문화적 상대주의'와는 다른 경로를 취하게 된다. '문화적 상대주의'의 관점은 계속 돌고 도는 상대주의의 순환고리라는 늪 속에 빠져 헤어 나오지 못하고 허우적거리게 된다. 그러나 우리가 취한 경로는 그러한 늪에서 벗어날 가능성을 견지하고 있다. 왜냐하면 우리가 논의한 경로에는 중요한 전술과 전략이 포함되어 있기 때문이다. 그것은 바로 '회의 doubt'이다. 이제부터는 이 이야기를 좀더 해보자.

우리는 살다 보면 이런저런 계기를 통해 사회의 어두운 면을 인식하게 되는 경우가 있다. 사회의 이러한 진면목을 깨닫게 된 사람들은 자신이 처해온 상황에 대한 반성의 기회를 갖게 될 가능성이 높다. 이때 송곳으로 후비는 것과 같이 날카롭게 우리의 폐부를 찌르는 반성거리는 "이전에 '내'가 아무런 스스럼없이 내렸던 판단과 주장이 과연 옳았던 것일까?"라는 자신의 신념과 행위에 대한 확신일 것이다. 이러한 '회의'와 '반성'은 논리적으로 매우 당연한 귀결이라고 할 수 있다.

왜냐하면 한 집단과 사회에 주어진 모든 것을 매우 당연하게 여기며 살아왔던 사람들은 자신이 당연하게 여겨왔던 사안이나 그것과 결부된 모든 사회적인 태도와 이념 그리고 가치관을 매우 정상적인 것으로 간주하기 때문이다. 따라서 정상으로 간주되던 것들은 자동적으로 정당하고 옳은 것으로 치부한 반면 정상적으로 간주하지 않던 것들은 아예 논외로 치거나 철저히 외면해왔던 것이다. 한마디로 그들은 자기만의 울타리 속에서 울며, 웃고 살아왔다. 그것도 당당히, 아무런 거리낌 없이, 자신들의 것에 자부심을 느끼면서 말이다. 이럴 때 얻을 수 있는 것은 자신이 속해 있는 집단의 사기^{morale} 진작, 결속력의 증대, 맹신에 가까운 신뢰관계의 구축, 신분의 안전보장과 우월감 등이었다. 그러나 잃은 것은 자신과 다른 것에 대한 분명한 인식, 그것들과의 소통, 이용 가능한 대안 등을 꼽을 수 있지만, 무엇보다 더 안타까운 것은 자신들이 '미쳐 있다'라는 사실을 전혀 눈치 채지 못한다는 자기 성찰과 자기 한계 인식의 부재다. 즉 그들이 잃게 되는 가장 커다란 것은 바로 그들 자신에 대한 분명한 인식인 것이다.

 자신과는 다른 것은 절대로 용인하지 않는 '그들만의 리그'. 외부의 시선으로 보면 전혀 절대적이지 않은 것들을 절대적으로 간주하는 '그들만의 리그'는 확실히 코미디적 요소를 지니고 있다. 그런데 그보다 더 큰 문제는 세계가 더 이상 '그들만의 리그'를 허용하지 않는 방향으로 고삐를 틀어쥐고 있다는 점이다. 우리는 이러한 현상을 '근대화^{modernization}' 또는 '전지구화^{globalization}'라고 부른다. 이러한 형국에서 자기 집단만이 정상적이고 옳다는 주장은 코웃음을 자아내기에 충분하다.

 어차피 모든 사회는 각기 나름대로 미쳐 있다. 그런데 현대세계에서는 한 사회나 집단이 각기 나름대로 미친 채 굴러가는 것은 용인하지만 그 집단이나 사회가 고립되는 것은 좀체 허용하지 않는 방향으로 나아가고 있다. 즉 여러 집단과 사회가 섞이고 연결되어야만 존립할 수 있는 세상이 되어가고 있다는 말이다. 그래서 우리는 이전 사회에서는 보기 힘들었던 이상한 사회나 집단을 쉽사리 목격하고 경험함으로써 한편으론 불편해하고 다른 한편으론 그런 사회나 집단에 태어나지 않은 것에 대해 다행스럽게 생각하기도 한다. 이러한 형국에서 어느 사회나 집단이 다른 것들보다 더 우위의 고지를 점유할 수 있겠는가? 그런데 이것은 단순한 헤게모니 장악을 위한 싸움만이 아니라는 것을 인식하는 것이 중요하다. 왜냐하면 이 문제는 그 수준을 넘어 윤리적인 문제와도 결부되기 때문이다. 그 답으로 우선은 '문화상대주의'적인 자세가 필요할 것이다. 왜냐하면 다른 이들의 이야기를 귀담아들으려 할 때 비록 동의는 하지 않지만 일단은 경청하고 이해하는 자세가 절실하기 때문이다. 바로 그것은 '문화상대주의'적 태도이고 사회학이 하는 일이다. 그런데 우리는 이제까지 베버와 뒤르켐 그리고 필자의 사회학을 통해 그보다 한층 업그레이드된 태도에 자극받을 수 있게 되었다. 그것은 바로 어느 사회나 집단이든 그 속의 사람들에게 조금씩 조금씩 그들의 부끄러움을 일깨워주는 것이다. 그러나 강압적이지 않게, 은근슬쩍 살짝, 조심조심하게……

에필로그
Epilogue

1 지식인 지도
2 지식인 연보
3 키워드 찾기
4 깊이읽기
5 찾아보기

Epilogue1
지식인 지도

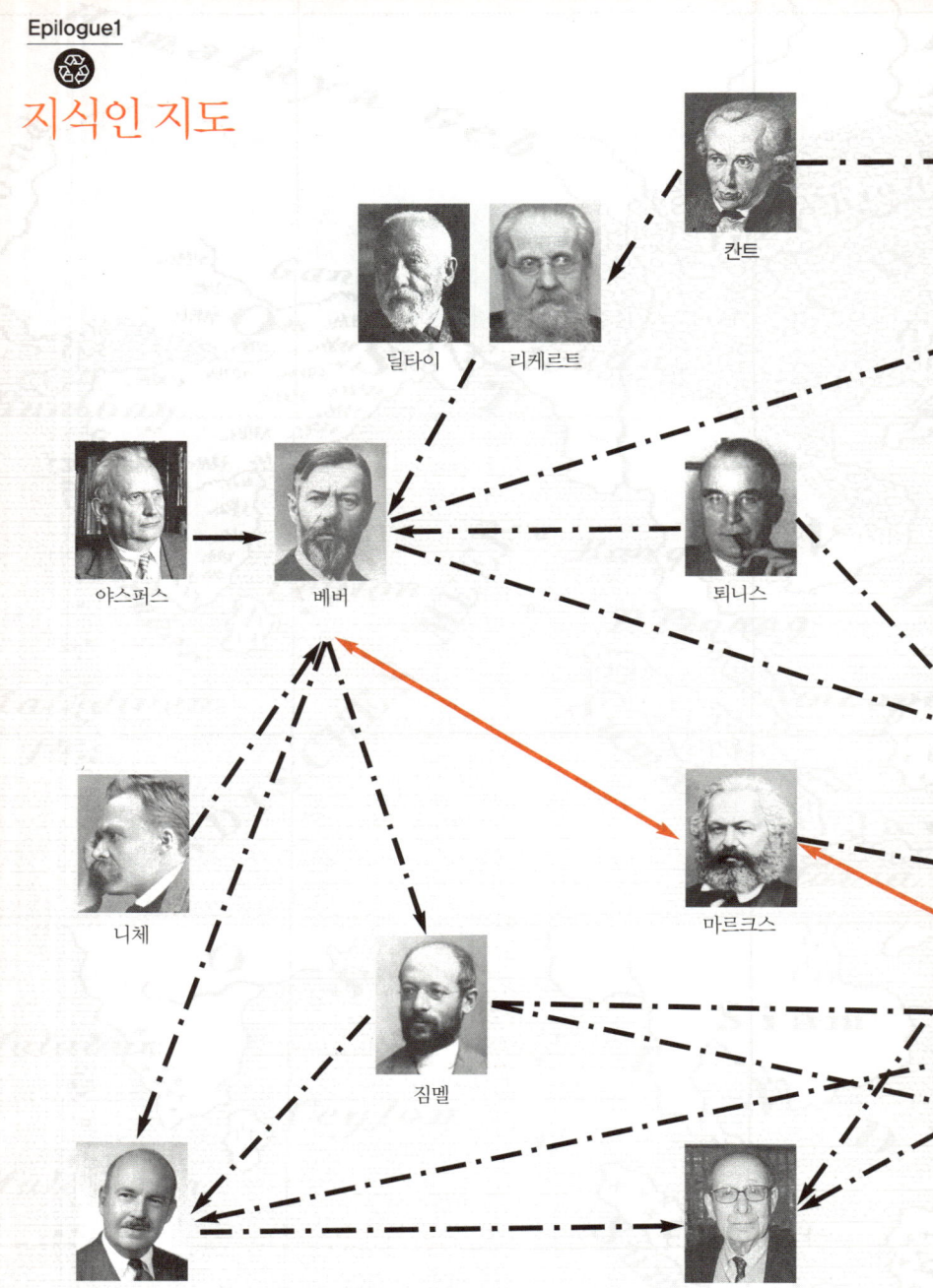

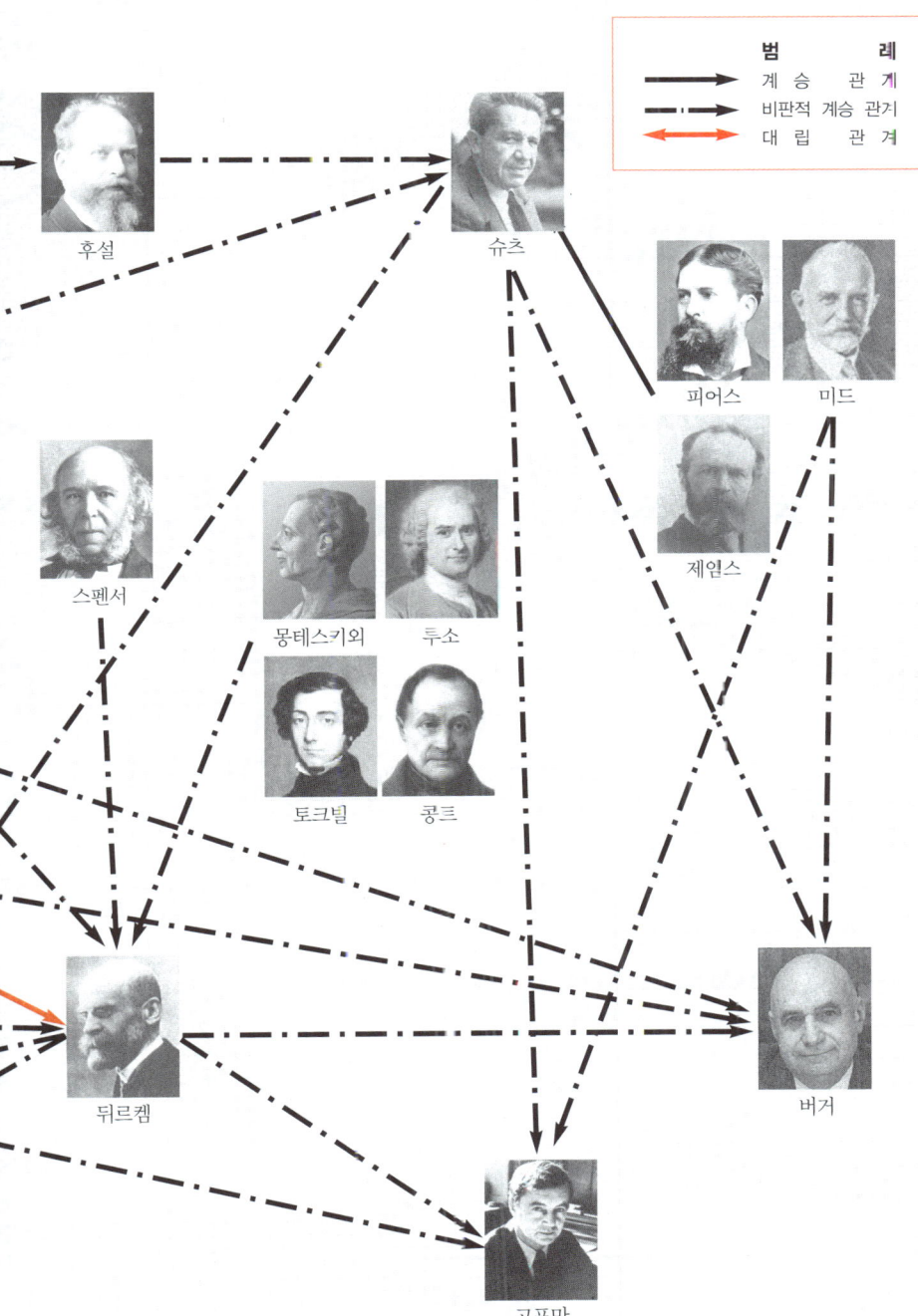

Epilogue2

지식인 연보

· 뒤르켐

1858	4월 15일 프랑스 로렌 지방 에피날(Épinal)에서 유대인 랍비의 아들로 출생. 10대 초반까지 유년시절을 랍비가 되고자 히브리어, 『구약성서』, 『탈무드』 등을 수학하나 후에 무신론자가 됨
1870~1871	프랑스-프러시아 전쟁(프랑스 패배)
1871	3월 28일~5월 28일. 파리코뮨(Commune de Paris)으로 유혈사태 난무
1879	고등사범학교(École Normale Supérieure)에 입학
1882~1887	파리 근교 고등학교(lycées)에서 교편 잡음. 1885년에서 1886년까지 약 1년간 독일 체류.
1887	보르도 대학(University of Bordeaux) 철학과 교수로 부임해 사회학 강의. 이 무렵 아내 루이스 뒤레피스(Louise Dreyfus)와 결혼
1893	『사회분업론』 출간
1894~1906	유명한 뒤레피스(Dreyfus) 사건 발생으로 프랑스 여론이 진보자유 진영과 반유대파로 양분됨. 뒤르켐은 대문호 에밀 졸라와 함께 뒤레피스를 옹호하는 자유진영에 속해 여론 형성에 앞장섬
1895	『사회학적 방법의 규칙들』 출간
1897	『자살론』 출간
1898	《사회학연보 L'Année Sociologique》 창간
1902	소르본느(Sorbonne) 대학으로 초빙
1906	소르본느 대학 교육학과 정교수로 임명

1912	『종교생활의 원초적 형태』 출간
1913	특별법령에 의해 '교육학과 사회학' 교수로 임명
1915	아들 앙드레(André) 사망
1917	11월 15일 아들 사망 후의 스트레스로 59세 일기로 사망

· 베버

1864	4월 21일 튀링겐(Türingen)의 에르푸르트(Erfurt) 시에서 개신교 집안의 7남매 중 장남으로 출생
1866	뇌막염으로 추정되는 중병치레
1869	베를린으로 이주
1882	고등학교 졸업 후, 하이델베르크 대학에 입학. 법학 공부
1883	의무군 복무
1884	베를린 대학에 등록해 7년간 수학
1892	베를린 대학 강사로 임용
1893	사촌인 마리엔느 슈니트거(Marianne Schnitger)와 결혼. 만성적 과로로 건강 해침
1894	프라이부르크 대학 정치경제학 교수로 부임
1896	하이델베르크 대학 경제학부 교수로 부임
1897	부친 사망. 부친 사망의 주요 원인이 자신에게 있다고 자책. 충격으로 한동안 극심한 신경쇠약증에 시달림. 그 후 6년간 휴식하고, 20년간 강단에 서지 못함
1904	6년간의 공백 끝에 「사회과학과 사회정책의 객관성」 논문 발표. 하버드 대학의 동료 교수 휴고 뮌스터버그(Hugo Muensterberg) 초청으로 미국 세인트 루이스(St. Louis)에서 열리는 학회에 논문 발표. 약 3개월간 뉴욕, 시카고, 보스턴 등 미국 전역 여행

1905	전년도부터 『개신교 윤리와 자본주의 정신』을 두 부분으로 나누어 출간
1910	퇴니스(Tönnies)와 짐멜(Simmel)과 더불어 독일사회학회 창설
1912	『종교사회학』 출간
1913	『중국의 종교』 출간
1914~1918	제1차 세계대전
1916	『인도의 종교』 출간
1917	『고대 유대교』 출간. 뮌헨 대학에서 연속강연 초청받아 「직업으로서의 학문」 제목으로 강연
1918	비엔나 대학 교수직 수락
1919	뮌헨 대학 교수 임용. 「직업으로서의 정치」 제목으로 강연. 「직업으로서의 학문」과 「직업으로서의 정치」 출간
1920	6월 14일 폐렴으로 사망

Epilogue 3

키워드 찾기

- **아노미** anomie 무규범 상태를 일컫는 용어. 사회적 규범의 이완, 동요, 붕괴 등으로 발생하는 일종의 무질서와 혼돈 상태.
- **집합의식** collective consciousness 사회적 심성(the mentality of a society)을 일컫는 말. 한 사람의 마음과 의식이 아닌, 한 사회나 집단 전체가 공유한 의식.
- **집합표상** collective representation 집합의식이 표출된 것으로 본질적으로 '집합의식'과 같은 것을 가리키는 용어. 기본적으로 한 개인의 의식을 기반으로 하나 종국에는 그것과는 전혀 다른 성질, 즉 한 개인이 어찌할 수 없는 객관성을 지닌 '집합의식'을 의미함. 뒤르켐은 '사회적 사실'을 이것으로 규정함.
- **기계적 연대** mechanical solidarity 유사성에 의한 결속을 일컫는 말로 뒤르켐이 제시한 또 다른 개념인 '유기적 연대'와 대응되는 개념. 사회의 모든 성원들이 동질성 또는 공통의 관념이나 신념을 공유하고, 뿐만 아니라 그에 의거해 사유하고 행동하는 것을 당연하고 정상으로 여기는 사회적 결합 혹은 관계. 이 연대를 보유한 집단이나 사회에서는 전체의 '집합의식'이 한 개인의 의식과 행동을 압도하는 경향이 농후함.
- **유기적 연대** organic solidarity '기계적 연대'와 대응되는 개념. 개성이 뚜렷하고 이질적인 여러 개인들 간의 특정한 관계(특히, 기능적 관계)로 맺어진 사회적 결합 또는 관계.
- **분화** differentiation 비교적 단순한 하나의 개체가 둘 이상의 질적으로 다른 개체들로 분리되는 현상. 사회의 한 부분이 잘게 분할되어 쪼개지는 것을 일컫는다. 이와 깊이 관련된 사회학적 용어로는 노동의 분업, 전문화, 세분화 등이 있다.
- **이해** Verstehen 인간의 사회적 행위의 숨어 있는 동기와 그것을 둘러싼 주관적 의미를 파악하는 것으로 베버가 주창한 사회학적 탐구의 목적.
- **의도하지 않은 결과** unintended consequences 인간이 이성을 가지고 특정의 목표를 달성하기 위해 합리적으로 어떤 일을 수행한다고 하더라도, 그 과업의 결과

에는 인간들이 애초에 의도하지 않은 부분이 반드시 도출된다는 베버의 주장을 요약한 개념.

- **선택적 친화력** elective affinity 어떤 사회집단과 이념들이 서로 분리되지 않고 상호 추구하는 과정을 일컬음. 다양한 요인들 간의 상호관계를 강조하려고 고안해낸 베버의 개념.

- **이념형** ideal type 사회현상의 질적인 개성과 추상적인 일반성을 조합하는 베버의 사회학 방법론의 기본 개념. 현실세계에서는 실제 경험으로 찾아볼 수 없는 하나의 개념 도구로서, 현실의 일부분을 과도하게 증폭·부각시킴으로써 그것을 통해 현실세계의 이해를 도모함.

- **현세금욕주의** inner-worldly asceticism 베버가 '자본주의 정신'이라는 '이념형'과 조응시키기 위해 개신교의 윤리강령을 압축·요약한 또 하나의 '이념형'. 현세금욕주의는 현세의 모든 일을 사후에 다가올 내세와 관련짓는 개신교의 특별한 종교적 윤리요강을 일컬음. 그 윤리요강의 요점은 개신교도의 목표는 내세이지 현세가 아니라는 것임. 내세의 구원을 위해 현세에서는 모든 정욕과 허영을 물리친다는 행동강령을 포함.

- **청교주의** Puritanism 청교주의는 청교도 운동의 과정에서 나타난 청교도의 정신과 사상 일반을 일컬음. 16세기 루터와 칼뱅의 종교개혁이 17세기 영국에서 전개된 개신교 사상. 청교도(Puritan)는 라틴어 puritas(purity)에서 유래한 것으로 "교회를 깨끗이 정화하려는 사람"이란 뜻을 가짐. 즉 가톨릭에 의해 훼손된 기독교적 신앙을 성경에 입각해 회복하려는 시도를 한 개신교도들을 지칭함.

- **권력** power 한 개인이나 집단이 자신의 의지를 타인의 저항에도 불구하고 관철시킬 수 있는 확률적 가능성을 의미함.

- **권위** authority 정당화 혹은 합법화된 권력을 의미함. 권력의 유한성과 한시성을 초월하여 지속성을 원하는 권력자들이 추구하는 특별한 형태의 권력.

- **가치자유** value-free 가치판단(價値判斷)과 대조되는 용어로서 가치중립성(價値中立性)을 의미함. 연구자가 사회현상을 연구할 때, 연구자 개인의 실천적·윤리적 가치를 배제해야 한다는, 베버가 주창한 사회과학 방법론상의 한 개념.

- **합리화** rationalization 사회적 행위와 그것의 타당한 근거를 제공해주는 정당성에 있어서 '계산가능성(calculability)'을 중시하는 경향. 모든 사회적 행위에 있어 목적과 수단의 합리성을 강조하는 과정. 이를 통해, 사회 대부분의 구성원들로 하여금 '예측가능성(predictability)'을 제고(提高)하도록 도모함.

- **탈미혹(주술)화** disenchantment of the world '합리화' 과정이 종교현상에 접독되었을 때를 일컫는 용어. '탈미혹'은 원래 사람들을 미혹시키는 기존 종교(가톨릭) 내의 모든 주술적이고 미신적 요소를 척결하자던 개신교에 의해 주창된 이념과 운동 과정이었으나 그러한 이념의 태동 이후, 종교의 영역을 넘어 사회의 모든 영역에서조차 마술적이고 신비적 요소가 발붙일 수 없다는 것을 강조하고 이러한 방향으로 사회를 이끌어가는 과정을 일컫는다. 여기서도 역시 합리화와 마찬가지로 세계의 '예측가능성'과 '계산가능성'이 압도적인 힘을 얻게 된다.

- **세속화** secularization '합리화' 과정과 세계의 '탈미혹' 과정의 부산물로 생성된 사회적 과정. 과거 전통사회에서 압도적이었던 사회에 대한 종교의 힘이 현대 사회로 진입하게 되면서 약화되어가는 경향을 일컫는 개념. 종교 내의 성직자나 신도의 타락을 일컫는 용어가 아님에 주의할 것.

- **다원주의** pluralism 사회의 분화현상과 맞물려 사회 전체가 잘게 쪼개지는데, 이렇게 잘게 분할된 각 부분들은 서로 이질성을 보이게 되고 갈등 양상을 띠게 된다. 그럼에도 불구하고 한 사회 내에서 시민적인 평화를 유지하며 서로 공존하게 되는 현상.

- **강철외피** steel casing 자본주의 태동의 강력한 자극제로 작용한 개신교의 '현세금욕주의' 윤리가 퇴색되고 오로지 자본주의체제의 껍데기만 활성화되어 관성적으로 작동하게 되는 상황을 은유적으로 빗대기 위해 베버가 고안해낸 용어.

- **물화** reification 사물이 아닌 것을 사물로 간주하는 태도나 이념적 경향.

- **문화상대주의** cultural relativism 문화의 상대성을 인정하는 이념. 문화는 그 자체의 의미와 가치에 따라 연구되어야 한다는 태도. 자민족중심주의와 배치되는 이념.

- **자민족중심주의** ethnocentrism 자신이 속한 민족성, 국민성, 혹은 문화를 기초로 하여 다른 나라, 민족집단 혹은 문화를 해석하고 평가하는 것을 의미한다. 자신의 집단이 다른 모든 집단보다 우월하다고 여기는 것을 의미하는 경우도 흔히 있다. 미국의 사회학자 섬너(W. G. Summner)가 고안해낸 개념.

Epilogue4

깊이 읽기

뒤르켐과 베버의 전(全) 저작과 그들에 관한 관련 서적을 여기에 일일이 언급하는 것은 불가능할 뿐만 아니라 무의미하다. 따라서 여기서는 그들을 본격적으로 이해하기 위해 반드시 독자들이 읽어야만 할 주요 1, 2차 문헌들만 소개하도록 한다.

❖ **에밀 뒤르켐**

우선 뒤르켐의 경우, 그의 원저는 다음과 같다.

『The Rules of Sociological Method』(New York: The Free Press, 1938). "사회학이란 무엇인가? 사회학이 사회를 탐구할 때 어떤 노선을 택해야 할 것인가?"에 대한 뒤르켐의 노선이 분명히 노정되어 있는 저서. 뒤르켐에 대해 오해하지 않기 위해서 반드시 독해해야 할 책. 박창호가 『사회학적 방법의 규칙들』(새물결, 2001)이란 제목으로 번역했다.

『The Division of Labor in Society』(New York: The Free Press, 1933) 그리고 『Suicide』(New York: The Free Press, 1951)도 필독서 목록에 반드시 포함되어야 한다. 이 책들에서는 노동의 분업을 통한 사회 분화 과정을 추적하며 과거사회와 현대사회를 대비시키는 뒤르켐의 절묘함이 부각된다. '기계적 연대'와 '유기적 연대', '아노미' 그리고 '자살'의 여러 유형들에 대한 논의가 이 두 명저에서 펼쳐진다. 이 책들의 일부분은 임희섭이 번역하여 『자살론/사회분업론』(삼성출판사, 1997)으로 출간되었다.

그리고 또 하나 권하고 싶은 그의 책으로는 『The Elementary Forms of Religious Life』(New York: The Free Press, 1995)가 있다. 캐런 필즈(Karen Fields)가 영어로 번역한 것으로 1947년 조셉 와드 스웨인(Joseph Ward Swain)

이 번역한 것보다 더 나은 것으로 정평이 나 있다. 종교의 본질, 그리고 종교에 비추어 본 사회의 본질에 대해 뒤르켐이 어떠한 시각을 견지하고 있는지를 감상할 수 있다. 그의 통찰력을 한 수 배우고 싶다면 반드시 읽어야 할 책. 1992년 노치준 등이 『종교생활의 원초적 형태』(민영사, 1992)라는 제목으로 번역하였다.

기존의 종교를 벗어나 혼란스러웠던 사회가 다시 통합되기를 원했던 뒤르켐이 주목하게 된 도덕, 특히 시민도덕에 대한 그의 사상을 섭력하고 싶다면 로버트 벨라(Robert Bellah)가 편집한 『Emile Durkheim: On Morality and Society』 (Chicago : The University of Chicago Press, 1973)와 브라이언 터너(Bryan Turner)가 소개하는 글을 써서 출판한 『Professional Ethics and Civic Morals』 (London : Routledge, 1996)를 볼 것. 후자의 경우 권기돈이 『직업윤리와 시민도덕』(새물결, 1998)이라는 제목으로 번역서를 냈다.

다음으로 하버드 대학의 닐 그로스(Neil Gross) 등이 편집하고 번역해 내놓은 뒤르켐의 책을 소개한다. 『Durkheim's Philosophy Lectures』(Cambridge, UK: Cambridge University Press, 2004). 1883년과 1884년에 뒤르켐이 행한 철학강연을 묶어놓은 저서이다. 고통, 지식, 하나님, 확실성 등의 흥미 있는 그의 철학적 사유를 접하고 싶다면 권하고 싶다. 아쉽게도 최신 저작이라 번역이 되어 있지 않지만 영어에 어느 정도 자신 있는 독자라면 시도해 그의 지성의 향연에 빠져보기를 권한다.

마지막으로 뒤르켐에 관한 대표적인 2차 서적으로는 제프리 알렉산더(Jeffrey Alexander)와 필립 스미스(Philip Smith)가 2005년에 편집해낸 『The Cambridge Companion to Durkheim』(Cambridge, UK: Cambridge University Press, 2005)을 권한다. 콜린스, 벨라와 같은 쟁쟁한 사회학자들이 뒤르켐에 대해 쓴 논문선집이다.

❖ 막스 베버

다음으로는 베버의 저작엔 관한 정보이다.

우선 그의 가장 유명한 저서로는 『The Protestant Ethic and the Spirit of Capitalism』(Los Angeles: Roxbury Publishing Company, 2002)이 있다. 이 책은 서구, 특히 미국의 웬만한 대학에서 교양과정으로 채택되거나 사회학강좌 필수도서 목록에 올라 있는 책으로 1930년 파슨스(Parsons)에 의해 초역되었다. 하지만 파슨스의 책은 번역이 미비하여 이를 보완하기 위해 능통한 독일어 실력과 탄탄한 베버사회학의 이해를 바탕으로 한 스테판 칼버그(Stephen Kalberg)가 야심 차게 새로 번역해낸 것이다. 파슨스의 번역을 통해 이 책을 접했던 독자들은 베버에 대해 가지고 있던 의구심과 많은 갈증을 시원하게 해결할 수 있었다. 사회(과)학에 관심을 가지고 있는 사람들은 반드시 일독, 아니 다독하기를 권한다. 그리고 만일 이 연구에 보다 초점을 맞추어 깊이 파고 들어가고 싶은 이가 있다면 살크래프트(David J. Chalcraft)와 해링톤(Austin Harrington)이 편집한 『The Protestant Ethic Debate: Max Weber's Replies to his Critics, 1907-1910』(Liverpool: Liverpool University Press, 2001)을 추천한다. 『개신교 윤리와 자본주의 정신』이 출간된 이후에 그 연구에 대해 어떠한 언급도 하지 않았던 베버가 1907년과 1910년에 걸쳐 2명의 독일 역사학자들이 행한 논평에 대한 4편의 긴 반론이 실려 있다. 이 책을 보면 베버의 원래의 의도를 잘 간파할 수 있다.

다음으로 베버가 주창한 사회과학 방법론을 이해하기 위해서는 에드워드 실스(Edward Shils) 등이 번역하고 편집한 『The Methodology of The Social Sciences』(New York: The Free Press, 1949)를 추천한다. 여기서는 사회현상의 탐구에 있어 객관성을 어떻게 확보하느냐 하는 문제와 결부하여 이념형 등의 문제가 심도 있게 논의되고 있다. 그리고 베버가 제기한 매우 중요한 개념들, 이를테면 권력과 권위 그리고 관료제, 계급, 지위, 정당 등에 대해서도 상세히 다루고 있다. 더불어 직업으로서의 학문(Wissenschaft als Beruf) 등에 대한 베버의 원전을 읽고 싶다면 거스(H. Gerth)와 밀스(C. Mills)가 편집하고 번역해 내놓은 베버 논문선집인 『From Max Weber: Essays in Sociology』(New York: Oxford University Press, 1946)를 읽어보길 권한다. 그리고 이 두 책에 포함되어있는 몇 편의 논문을 선별해 우리말로 번역한 책으로는 전성우의 『'탈주술화' 과정과 근

대 : 학문, 종교, 정치-막스 베버 사상 선집 I』(나남출판사, 2002)이 있다.

그리고 베버의 종교사회학에 관심이 있는 사람이라면 파슨스가 발문하고 에프라임 피쇼프(Ephraim Fischoff)가 번역한 『The Scciology of Religion』(Boston: Beacon Press, 1963)이 매우 유용하다. 그리고 그 외에 각 세계종교에 대한 베버의 해박한 지식에 감탄하고 싶은 이가 있다면 『Ancient Judaism』(New York: The Free Press, 1952), 『The Religion of China』(New York: The Free Press, 1951), 『The Religion of India: The Sociology of Hinduism and Buddhism』(New York: The Free Press, 1968)을 읽어볼 것을 권한다. 끝으로 근대성에 관한 베버의 논의를 집중적으로 공부하고 싶다면 스테판 칼버그가 편집한 『Readings and Commentary on Modernity』(Oxford: Blackwell Publishers, 2005)를 볼 것.

마지막으로 베버에 관한 2차 문헌에서 베버사회학에 대한 일반적 소개로는 스티븐 터너(Stephen Turner)가 편집한 『The Cambridge Companion to Weber』(Cambridge, UK: Cambridge University Press, 2000)와 조지 리처(George Ritzer)가 편집한 『The Blackwell Companion to Major Social Theorists』(Oxford: Blackwell Publishers, 2003)에 실린 스테판 칼버그의 「Max Weber」가 유용하다. 또한 베버의 『개신교 윤리와 자본주의 정신』에 대한 최근의 대표적인 학계의 논의를 보고 싶다면 레만(Herbert Lehmann)과 로스(Guenther Roth)가 편집한 『Weber's Protestant Ethic: Origins, Evidence Contexts』(New York: Cambridge University Press, 1993)와 스와도스(William H. Swados)와 캘버(Lutz Kaelber)가 편집한 책, 『The Protestant Ethic Turns 100』(Boulder, CO: Paradigm Publishers, 2005)을 추천한다. 끝으로 베버의 비교역사사회학에 관심이 있는 이들이라면 칼버그의 『Max Weber's Comparative-Historical Sociology』(Chicago: The University of Chicago Press, 1994)가 도움이 될 것이다. 특히 후자는 베버가 추구한 '다인과성(multicausality)' 규명에 많은 지면을 할애하였다.

❖ 그 외의 참고문헌

이외에 필자가 이 책을 쓰면서 이모저모로 도움이 되었던 저작들 몇 개만 열거해본다. 앞선 저작들과 같은 자세한 설명은 생략하는 대신 정확한 출처만 밝히겠다.

Aron, Raymond. 1967. *Main Currents in Sociological Thought II: Pareto, Weber, and Durkhiem*. New York: Pelican Books.

Berger, Peter L. 1967. *The Sacred Canopy: Elements of a Sociological Theory of Religion*. Garden City: Doubleday.

Berger, Peter L. and Thomas Luckmann. 1966. *The Social Construction of Reality: A Treatise in the Sociology of Knowledge*. Garden City, NY: A Doubleday Anchor Book.

Berger, Peter L. and Brigitte Berger. 1972. *Sociology: A Biographical Approach*. New York: Basic Books.

Collins, Randall. 1982. *Sociological Insight: An Introduction to Non-Obvious Sociology*. New York: Oxford University Press

Collins, Randall. 1985. *Four Sociological Traditions*. New York: Oxford University Press.

Collins, Randall. 1998. *The Sociology of Philosophies: A Global Theory of Intellectual Change*. Cambridge, MA: The Belknap Press of Harvard University Press.

Garfinkel, Harold. 1967. *Studies in Ethnomethodology*. Englewood Cliffs, NJ: Prentice-Hall.

Goffman, Erving. 1967. *Interaction Ritual: Essays on Face-to-Face Behavior*. Garden City: Anchor Books.

Hobbes, Thomas. 1962. *Leviathan*. New York: Collier Books.

Hughes, John A., Peter J. Martin and W. W. Sharrock. 1995. *Understanding Classical Sociology: Marx, Weber, Durkheim.* London: Sage Publications.

Marx, Karl. 1972. *The Marx-Engels Reader.* Edited by Robert C. Tucker. New York: W. W. Norton & Company.

Morrison, Ken. 1995. *Marx, Durkheim, Weber: Formations of Modern Social Thought.* London: Sage Publications.

Otto, Rudolff. 1923. *The Idea of the Holy.* London: Oxford University Press.

Parsons, Talcott. 1968. *The Structure of Social Action: Vol. I-Marshall, Pareto, Durkheim.* New York: The Free Press.

Parsons, Talcott. 1968. *The Structure of Social Action: Vol. II-Weber.* New York: The Free Press.

찾아보기

ㄱ

가치의 다신교적 상황 → 다원주의
가치자유 p. 108, 109, 152
가치지향적 행위 p. 132
가핑켈, 해롤드Garfinkel, Harold p. 22, 48, 164
감정이입 p. 104
강제성 p. 43, 44
강철외피 → 쇠우리
개신교 윤리 p. 126, 127
『개신교 윤리와 자본주의 정신』 p. 117, 118, 126, 148, 148, 156
개연성 p. 106, 148
객관성 p. 41, 43
『거룩』 p. 79
계약 p. 91~93, 160~162
고프만, 어빙Goffman, Erving p. 48
관료제 p. 137
『구약성서』 p. 167
구정치질서 p. 25
근대화 p. 186
기계적 연대 p. 85, 86, 91~93
기능론자 p. 48

ㄴ

노동의 분업 p. 89
노모스 p. 58, 76
누미노제 p. 80

ㄷ

다발 p. 62~64, 82
다원주의 p. 144, 145, 148, 151
달란트 p. 121
도스토예프스키, 표도르Dostoevskii, Fyodor M. p. 81
동기 p. 97, 99, 103
동질성 p. 89
뒤르켐, 에밀Durkheim, Émile p. 27, 28, 30, 31, 35~40, 46~95, 153, 154, 156~171, 181, 187
뒤르켐주의자 p. 48

ㄹ

루터, 마틴Luther, Martin p. 120~122, 150
『리바이어던』 p. 60

ㅁ

마르크스, 칼Marx, Karl p. 27, 113~118, 152
만하임, 칼Mannheim, Karl p. 113
목적합리적 행위 p. 27
무규범 상태 p. 132
문화적 상대주의 p. 185
물화 p. 168, 169
〈미운 오리새끼〉 p. 174, 175
민간방법론자 p. 48
믿음 p. 27, 68~70, 74~78, 93, 169, 183

ㅂ

반뒤르켐주의자 p. 48
방법론적 개인주의 p. 169
배금사상 p. 151
버거, 피터 Berger, Peter L. p. 46, 48, 53, 62, 63, 156~171
베버, 막스 Weber, Max p. 27, 28, 30, 31, 35, 61, 62, 95~139, 141, 144~154, 156~171, 187
분업 p. 89
분화 p. 89, 90, 94, 95

ㅅ

사회구조 p. 35
사회동학 → 사회변동
사회변동 p. 35
사회정학 → 사회구조
『사회학적 방법의 규칙들』 p. 48
상부구조 p. 117
상징적 상호작용론자 p. 117
선택적 친화력 p. 123, 125, 126
쇠우리 p. 145, 148, 149, 153
수르마족 p. 180
『신약성서』 p. 121
실증주의 p. 99, 100~103

ㅇ

아노미 p. 53, 54, 56, 58, 94, 95
아노미적 자살 p. 53, 54, 57, 58
역사성 p. 45
역사주의 p. 100, 103
연대력 p. 51
오웰, 조지 Orwell, George p. 107
오토, 루돌프 Otto, Rudolf p. 79
외재성 p. 41
운명예정설 p. 121, 122
유기적 연대 p. 88, 92, 93

응집력 → 연대력
이기적 자살 p. 52, 57, 59
이념형 p. 108, 110, 111 118, 119, 126, 152
이질성 p. 89
이타적 자살 p. 52, 57, 58
인과성 p. 103
인과적 설명 p. 100, 103~110, 118, 125, 152

ㅈ

자민족중심주의 p. 181
자본주의 p. 113~116, 118, 119, 125~127, 130, 146, 152, 170
자본주의 정신 p. 119, 120, 125, 127
자본주의적 에토스 p. 116
자살론 p. 47, 95
자살률 p. 50, 51
자연숭배 p. 68
전문화 p. 89
〈전원일기〉 p. 86~89, 92
전지구화 p. 186
전체론적 관점 p. 169
전통 p. 133~136
전통적 행위 p. 132
정당성 p. 25, 44, 125, 133, 134, 136, 137
정령신앙 p. 68
정의적 행위 p. 67~70, 74~77
제사 p. 62, 112, 141, 166, 167
종교사회학 p. 68
『종교생활의 원초적 형태』 p. 99, 100, 113, 118, 151
주관적 의미 p. 116
『중국의 종교』 p. 148
「직업으로서의 학문」 p. 27
짐멜, 게오르그 Simmel, Georg p. 64, 72
집합심성 p. 151
집합의식 → 집합심성
집합표상 p. 62, 64, 65, 70~73, 76, 77, 168

ㅊ
청교주의 p. 120
추체험 p. 104

ㅋ
『카라마조프가의 형제들』 p. 81
카리스마 p. 40, 134, 135, 137
칼뱅, 장 Calvin, Jean p. 121
칼버그, 스테판 Kalberg, Stephen p. 149, 150
콜린스, 랜댈 Collins, Randal p. 93
콩트, 오귀스트 Comte, Auguste p. 26, 27, 35

ㅌ
탈미혹화 p. 138, 140, 141
탈주술화 p. 137
토테미즘 p. 69~72
토템 p. 69~71, 75, 76

ㅍ
파슨스, 탈코트 Parsons, Talcott p. 149, 150
프랑스 혁명 p. 25

ㅎ
하부구조 p. 117
합리적-법적 권위 p. 135
합리화 p. 113, 135~138, 152
행위의 규칙성 p. 101, 151
현상학자 p. 48
현세금욕주의 p. 119~121, 126, 129
홉스, 토머스 Hobbes, Thomas p. 60, 61
홉스의 문제 p. 60

⊙ 이 책의 저자와 김영사는 모든 사진과 자료의 출처 및 저작권을 확인하고 정상적인 절차를 밟아 사용했습니다. 일부 누락된 부분은 이후에 확인 과정을 거쳐 반영하겠습니다.

Émile Durkheim
&
Max Weber

인류의 지성사를 이끌어온
100인의 지식인 마을 주민들